W0177807

Urs Ochsenbein · Deutscher Boxer

Copyright © by Müller Rüschlikon Verlags AG, Cham, 1992. – Nachdruck, auch einzelner Teile, verboten. Alle Nebenrechte vom Verlag vorbehalten, insbesondere die Filmrechte, das Abdrucksrecht für Zeitung und Zeitschriften, das Recht zur Gestaltung und Verbreitung von gekürzten Ausgaben und Lizenzausgaben, Hörspielen, Funk- und Fernsehsendungen sowie das Recht zur foto- und klangmechanischen Wiedergabe durch jedes bekannte, aber auch durch heute noch unbekannte Verfahren.
ISBN 3-275-01016-6. – 1/5-92.
Printed in Germany.

Urs Ochsenbein

Reihe: »Hunderassen« · Herausgeber Urs Ochsenbein

Deutscher Boxer

Müller Rüschlikon Verlags AG
Cham · Stuttgart · Wien

Inhaltsverzeichnis

1. Einführung   7

2. Die Anschaffung will überlegt sein   8
Der Boxer in unserer Familie   9
Rüde oder Hündin?   10
Ein Tag im Leben eines Boxers   11
Vor der Anschaffung   12

3. Die Wahl des Züchters   13
Was tut der Züchter?   13
Auswahl der Elterntiere   13
Auf die Kinderstube kommt es an   17
Die Beratung des Käufers durch
den Züchter   17
Unser Kontakt zum Züchter   18
Die Entwicklungsphasen des Welpen
bis zum Junghund   20

4. Der Welpe kommt nach Hause   21
Wie alt soll der Welpe
bei der Übernahme sein?   21
Übernahme mit 8 Wochen   21
Übernahme mit 10 Wochen   22
Übernahme mit 12 Wochen   22
Ungünstiges Übernahmealter   23
Die Kontrolle bei der Übernahme   23
Der Kauf eines erwachsenen Boxers   23
Die Fahrt nach Hause   24
Ankunft zu Hause   24

5. Einfügen des Welpen in den
Wohnbereich   26
Die Stubenreinheit   26
Der Welpe kommt erstmals ins Haus   27
Wo soll der Hund sein Lager haben?   28
Die erste Nacht   28

Grundsätzliches zum Verhalten
der Besitzer   29
Der Boxer will erzogen sein   30
Erziehen heißt, sich mit dem Hund
verständigen   30
Tabus setzen   31
Die spitzen Welpenzähnchen   32
Der Hund hat keine Hände   32
Wie das Tabu gesetzt wird   33
Freiräume gewähren   34

6. Der erste Spaziergang   35
Vom Verhalten der Besitzer hängt es ab...   35
Angst der Besitzer ist unangebracht   35
Ohne Risiko geht es nicht   36
In Bewegung bleiben   36

7. Die Grunderziehung   38
Die vier Grundübungen   38
Anwendung der Grundübungen
in der Praxis   45

8. Der Boxer im Stadtverkehr   47
Das Sitzenbleiben vor Tür und Tor   47
Ist dieses Vorgehen zu kompliziert?   49
Das Überqueren einer Fahrbahn   49
Mit dem schreckhaften Hund
im Stadtverkehr   51
Der Hund im und um das Auto   51
Was beim Mitführen eines Hundes im
Auto zu beachten ist   52

9. Beim Spaziergang lernen   54
Aufgaben stellen   54
Anwenden der Grundübungen   55
Kontakt-Spiele   55

Umweg-Versuche 56
Wenn sich der Besitzer versteckt 57
Die Rückwärts-Suche 57
Begegnungen und Konfrontationen 57

10. Ernährung, Pflege und Krankheits-Symptome 61
Die Ernährung 61
Was dem Hund gut tut, dabei sollte man bleiben 61
Trocken oder feucht vorsetzen? 62
Dem Betteln vorbeugen 62
Wie füttern? 63
Die Pflege des Boxers 63
Krankheits-Symptome 65
Wurmbefall 67
Euthanasie 67

11. Allgemeine Hinweise zur Hundehaltung 68
Unser Verhalten gegenüber dem eigenen Hund 68
Geeignete Hilfsmittel 69
Der Boxer im Familienbereich 70
Bei Kindern Gefahren vorbeugen 72
Mit dem Boxer zu Besuch 72
Heimtiere und unser Boxer 74
Wald, Wild und Hund 74
Hund und Landwirtschaft 74
Die Verantwortung des Hundehalters gegenüber der Umwelt 74

12. Der Boxer als Gebrauchshund 76
Hundesport mit dem Boxer 76

Vorurteile 77
Der Boxer als Schutzhund 77
Der Boxer als Fährten- und Suchhund 77
Vom Grundkurs zum Hundesport 78
Anfangsschwierigkeiten 78
Der Boxer als Dienst- und Rettungshund 79
Der Boxer als Polizeihund 79
Der Boxer als Lawinenhund 80
Der Boxer als Katastrophenhund 80
Der Boxer als Blindenführhund 81

13. Gestalt und Charakter des Deutschen Boxers 82
Wie schön ist mein Boxer? 82
Die Rassekennzeichen des Deutschen Boxers 83
Der Standard des Deutschen Boxers 84
Die Körperteile des Boxers 85
Die Wesenssicherheit des Boxers 90
Die Wesensbeurteilung 91

14. Herkunft und Reinzucht 92
Vom Bullenbeißer zum Boxer 92
Die Reinzucht des Deutschen Boxers 97
Die Pionierzeit des Deutschen Boxer-Klubs 98

15. Anhang 103
Die Boxer-Klubs im deutschen Sprachraum 103
Organe der Landesverbände 104
Literatur-Nachweis 105
Zum Bildmaterial und Dank 106
Schlußwort 107

1. Einführung

Wer den Boxer kennt, hat ihn gern und kommt nur schwer von ihm los. Das ist natürlich und bei den andern Rassen und ihren Besitzern ähnlich. Und doch scheinen die »Boxerleute« ihrer Rasse besonders treu zu bleiben. Vermutlich hängt dies mit der überaus markanten Erscheinung dieses Hundes zusammen, unterscheidet sich doch der Boxer in seiner Gestalt klar von allen andern Rassen. Er ist sozusagen der Hund mit dem ausdrucksvollen Gesicht. Das beruht auf dem kurzen Fang, der die Augen groß erscheinen läßt. Auch beim erwachsenen Boxer bleibt damit das erhalten, was Konrad Lorenz das Kindchenschema genannt hat. Jene Jugendform des Kopfes, die für uns so attraktiv wirkt. Dem entspricht auch das temperamentvolle und verspielte Wesen, womit uns der Boxer in der Regel bis ins Alter erfreut.

Freilich gibt es auch ruhigere und bisweilen gar langweilige Exemplare unter den Boxern, die eher melancholisch wirken. Doch das ist bei jeder anderen Rasse auch so. Jedes Hunde-Individuum hat seine eigene Persönlichkeit. Die vielgerühmten rassespezifischen Merkmale kommen längst nicht bei allen Tieren derselben Rasse zum Ausdruck. Sie gelten nur bedingt und sind nur als Trend vorhanden.

So gesehen ist auch der Boxer nur ein Hund unter anderen. Sein Verhalten ist nicht allein das Ergebnis der ererbten Grundanlagen, sondern in hohem Maße vom menschlichen Umfeld bestimmt, das ihm zuteil wird. Ausschlaggebend sind die charakterbildenden Einflüsse in der Zeit beim Züchter während den ersten zwölf Lebenswochen, und danach die Art der Haltung durch die Besitzer.

Was dieses vom Züchter wie vom Halter gebotene Umfeld für die Wesensentwicklung des jungen Hundes bedeutet, wird im vorliegenden Buch beschrieben. Damit wird dem Boxerfreund die Wahl des Züchters und die Auswahl des Welpen erleichtert. Wer nämlich über diese grundlegenden Dinge Bescheid weiß, hat mehr Chancen, zu einem Tier zu gelangen, das belastbar ist und sich leicht einfügt ins »Familienrudel«.

Wer dagegen schon einen Boxer besitzt, dem verhelfen diese Kenntnisse zu einem tieferen Verständnis des oft recht eigenwillig scheinenden Hundes. Unerwünschte Verhaltensweisen sind fast immer die Folge mißverständlicher Erziehung durch die Besitzer. Auch ältere Hunde sind lernfähig, und wenn sich ihre Halter dafür einsetzen, wird es ihnen gelingen, Untugenden beim Hund abzubauen und mit ihm ein angenehmeres Zusammenleben zu erwirken.

Dieses Buch vermittelt dem Leser jene Kenntnisse, die er benötigt, um seinen Hund besser zu verstehen, und ihn damit auch wirksam erziehen zu können.

Beim Boxer ist dies besonders wichtig. In ihm vereinen sich Temperament und Kraft. Gewaltmethoden, die er nicht verstehen kann, setzt er Widerstand entgegen. Geben wir ihm jedoch die Möglichkeit, zu merken, was wir von ihm wünschen, fügt er sich leicht und gern ein.

2. Die Anschaffung will überlegt sein

Wer einen Boxer kaufen möchte, sollte sich erst einmal darüber Gedanken machen, ob ein Boxer überhaupt zu ihm paßt. Das ist nicht selbstverständlich. Es genügt nämlich nicht, daß uns der Boxer, so wie wir ihn kennen, gefällt. Unsere Persönlichkeit und unsere äußeren Verhältnisse sollten auch ein wenig der Art dieses Hundes entsprechen. Beim Boxer haben wir es mit einem mittelgroßen temperamentvollen Hund zu tun, so daß wir über genügend Zeit verfügen sollten, um ihm die nötige Bewegung zu verschaffen. Bewegung verschaffen wiederum heißt, daß wir täglich mit ihm mindestens anderthalb Stunden spazierengehen müssen, wenn er erst einmal erwachsen ist. Und dazu müssen wir unseren Boxer unter Kontrolle halten können, das heißt mit andern Worten: Er bedarf der Erziehung, denn sonst sind wir nicht in der Lage, ihn frei laufenzulassen. Ein Boxer jedoch, der nie von der Leine kommt, wird zum frustrierten und aggressiven Raufbold.

Bewegung ist aber nicht alles, was wir unserem Boxer bieten sollten, wenn wir mit ihm gut auskommen und in ihm einen angenehmen Hausgenossen haben möchten. Damit seine innere Entwicklung zum erwachsenen Hund normal verläuft, braucht er – in vernünftigem Maß – unsere Zuwendung. Das beansprucht Zeit und fordert die Bereitschaft und die Möglichkeit, den Hund in den Tagesablauf der Familie einzuordnen. Jeder Hund fühlt sich nur dann wohl und geborgen, wenn er seinen festen Platz im Familienrudel einnehmen kann; gerade der Boxer ist als sensibler vierbeiniger Partner besonders auf Wärme und Geborgenheit angewiesen.

Haben wir nun in sachlicher Weise uns

So klein ist unser Boxer am Anfang...

...und so wird er nach wenigen Monaten sein und uns während Jahren begleiten.

selbst und unsere Möglichkeiten geprüft, so kommen uns vielleicht Zweifel, ob uns ein Boxer nicht doch zu sehr beanspruchen würde. In diesem Fall stellen wir uns am besten einmal vor, wie sich ein Tag mit unserem Hund abspielen würde. Schauen wir uns dazu den Text »Ein Tag im Leben eines Boxers« einmal näher an (S. 11). Verstärken sich dabei unsere Zweifel, so sehen wir jetzt besser vom Kauf eines Boxers ab. Steigert sich hingegen der Wunsch, einen Boxer zu besitzen, so können wir weiterhin an eine Anschaffung denken. Vergessen Sie dabei aber nie, daß jeder Hundekauf ein Abenteuer bleibt, dessen Verlauf nicht zu berechnen ist; auch die beste Planung ändert daran nichts!

Der Boxer in unserer Familie

Die Anschaffung eines Boxers bringt Veränderungen für die ganze Familie mit sich. An seiner Pflege und Haltung sind alle unsere Lebenspartner beteiligt, oder sie sind zumindest davon betroffen. Deshalb sollte man sich gemeinsam über den Kauf eines Hundes Gedanken machen.

Wer seinen Hund richtig hält, hat nur ausnahmsweise Schwierigkeiten und verursacht auch nur ausnahmsweise problematische Situationen. Was aber heißt »richtig halten«? Das Futter und die nötige Pflege wird in den meisten Fällen aufgebracht. Doch öfter als man annimmt wird vergessen, daß der Hund als empfindsames Lebewesen mehr als nur materieller Grundlagen bedarf, um sich irgendwo zu Hause zu fühlen. Wir haben ihn während über 10 000 Jahren zu unserem Hausgenossen gemacht, nun will er, daß wir uns mit ihm beschäftigen, ihn vor allem auf vernünftige Weise in die Familie integrieren. Tun wir das nicht, geschieht mit ihm dasselbe wie mit Kindern, an deren geistiger Entwicklung die Eltern keinen Anteil nehmen: Er verwahrlost. Das zeigt sich dann im Streunen, oft auch im Kot- und Urinablegen in der Wohnung, in manchen scheinbar unerklärlichen Untugenden wie Kläffen, Winseln, Heulen, Benagen von Teppichen und Stuhlbeinen und schließlich in Krankheitssymptomen. Damit ist der Hund für uns, aber auch für unsere Nachbarn, zum Ärgernis geworden. Wir geben das lästig gewordene Tier schließlich weg, oder wir lassen es vom Tierarzt einschläfern.

Dieser Vorgang wiederholt sich immer wieder. Besonders bei Leuten, die ihren Hund voreilig als ein Statussymbol kaufen im Sinne eines beweglichen Prunkstücks oder einer Auto-Maskotte. Auch wenn ein Hund angeschafft wird, damit das Kind einen Spielgefährten erhält, geht die Sache meist schief. Hierbei liegt der Fehler nicht selten in der unsachlichen Information der Massenmedien.

Wer Kindern einen Hund als Erziehungsmittel kauft, weil das Kind daran lernen soll, für etwas verantwortlich zu sein, überfordert das Kind. Es sei denn, der Erwachsene ist bereit, für das Kind einzuspringen, wenn es seiner Aufgabe aus irgendwelchen Gründen nicht gewachsen ist. Kritische Entwicklungsphasen (Pubertät), anderweitige Ablenkung und die von den Erwachsenen vielfach unterschätzten Kindersorgen können es nämlich davon abhalten, seine Aufgabe, die »Brutpflege«, die ja ein typisches Merkmal des Erwachsenseins ist, zu erfüllen. Tadel oder Strafe sind dann fehl am Platz; sie wecken im Kind nur schlechte Gefühle dem Hund gegenüber. Hingegen lernt es am Beispiel der Eltern, wenn sie in schwierigen Zeiten für das Kind einspringen und den Hund pflegen und beschäftigen.

Wo immer Probleme auftreten, liegen sie meist im Verhältnis der Eltern und im Familienklima begründet. Unser Familienleben sollte also ein Mindestmaß an Harmonie aufweisen. Mit einem Hund läßt sich weder einem verwahrlosten Kind helfen, noch eine zerrüttete Ehe flicken. Wir sollten in unserem Zweibeiner-Rudel schon Ordnung haben, bevor wir darin einen Vierbeiner integrieren. Denn so ein Ex-Wolf ist sehr traurig und unsicher, wenn er spürt, daß er nicht am richtigen Platz ist. Und es ist dann der Mensch, der ihn daran hindert, ein rechter Hund zu sein: ein in sein Rudel eingeordneter, angepaßter und deshalb auch angenehmerer »Canis familiaris«.

Wird der Boxer von alleinstehenden oder in Partnerschaft lebenden Hundefreunden angeschafft, hat das für die Familie Gesagte natürlich ebenfalls sinngemäß Geltung.

In jedem Falle sollten jedoch die im Kästchen (S. 12) angeführten Abklärungen vor dem Kauf erfolgen.

Rüde oder Hündin?

Bei der Entscheidung, ob wir einem Rüden oder einer Hündin den Vorzug geben wollen, können wir uns ruhig von unseren Gefühlen leiten lassen. Denn die Erfahrung zeigt, daß sich die Vor- und Nachteile beim weiblichen und männlichen Tier in der Regel aufheben.

Jedenfalls sind Hundehalter, die nach mehreren Rüden zu einer Hündin übergehen, mit dieser genauso zufrieden und umgekehrt.

Die Läufigkeit der Hündin, welche normalerweise zweimal jährlich auftritt, bedeutet kein allzugroßes Handicap, wogegen die bei manchen Tieren später sich ergebende Scheinträchtigkeit schon eher unangenehm werden kann. Dies besonders dann, wenn sie abnormal lange dauert. Wer hier näher orientiert sein möchte, wendet sich am besten an den Tierarzt, der auch über eine allfällige Kastration der Hündin Bescheid weiß. Von einer Frühkastration der Hündin (vor der ersten Läufigkeit) raten wir jedoch dringend ab. Dieses Problem wurde von der zentralen Zuchtstätte der Vereinigung der Blindenführhundeschulen Englands, wo pro Jahr achthundert Welpen aufgezogen werden, eingehend untersucht. Das Ergebnis bezüglich der Frühkastration war in hohem Maße beunruhigend.

Charakterlich weichen die beiden Geschlechter beim Hund wenig voneinander ab. Daß Hündinnen immer anhänglicher und folgsamer seien als Rüden, stimmt nicht. Und daß der erwachsene Rüde eher zum Raufen neige als die Hündin, ist nur bedingt richtig. Mag der Rüde auch mehr zum Imponieren und Anrempeln motiviert sein – wenn dies eine Hündin tut, ist sie dabei bedeutend intensiver und ernsthafter.

Wer nun nicht sicher ist, wie er sich entscheiden soll, sucht am besten das Gespräch mit dem Züchter seiner Wahl. Er wird ihn sicher gut beraten.

Ein Tag im Leben eines Boxers

Frühmorgens
Bello darf in den Garten. Vielleicht wird er auch zu einem Versäuberungsplatz geführt. Das dauert dann länger (5 bis 20 Minuten) und ist natürlich viel schöner.
Zu Hause erhält er vom weggehenden Meister einen kleinen Leckerbissen, worauf er sich zufrieden einrollt und weiterschläft.

Tagsüber im Hause
Um 9.00 Uhr verlegt Bello seinen Schlafplatz auf den Balkon, weil dort die Sonne scheint. Später, bei wachsender Hitze, wechselt er an einen kühlen Schattenplatz in der Wohnung. Bello weiß genau, welche Räume er betreten darf und welche nicht. Er weiß auch, wo er schnüffeln darf und daß er Stühle und Sessel nicht zu besteigen hat.

Der tägliche Spaziergang
Bello freut sich die ganze Zeit über auf den Spaziergang, der meist zur gleichen Stunde stattfindet. Er ist darauf so eingestellt, daß sich auch seine Verdauung danach richtet. Kaum daß er noch in den Garten macht. Aber in seinem täglichen Revier wird er sich schon nach wenigen Minuten des Schnüffelns und Kontrollierens zu entleeren beginnen. Sein Wohlbehagen ist dabei nicht zu übersehen.

Das tägliche Fressen
Bello erhält seine Schüssel fast immer zu gleicher Stunde vorgesetzt. Diese Regelmäßigkeit gibt dem Hund ein Ziel, auf das er sich ausrichtet. Sie gibt ihm auch Sicherheit, und er verhält sich entsprechend ruhig.

Das tägliche Spiel zu Hause
Irgendwann, vielleicht beim Nachhausekommen eines Familienmitgliedes, wird Bello zum Spielen angeregt, sei es in der Wohnung oder im Garten. Danach hat er seine tägliche »Schmusestunde«, die allerdings nur Minuten dauert und auch später abgehalten werden kann. Der Hund meldet sich dann schon. Auch dies sind Zeitpunkte, die das Tier an die Familie binden.

Der Spaziergang im Dunkeln
Spät abends begleitet Bello die Besitzer auf einem kurzen Rundgang. Er ist nun so aufmerksam wie sonst nie. Sein Schutztrieb wird wach. Er ist beglückt von der Aufgabe, seine Rudelgenossen im Finstern zu begleiten. Zufrieden schläft er später ein.

Vor der Anschaffung ist abzuklären:

1. Läßt der Mietvertrag für unsere Wohnung die Haltung eines Hundes zu?

2. Reagiert ein Familienmitglied auf Hundehaar allergisch?

3. Ist Gelegenheit zum Versäubern des Hundes in Wohnnähe vorhanden? Wo genau?

4. Ist man bereit, die Haltungskosten aufzubringen? Man tut gut daran, dafür jährlich Fr./DM 2000.– zu budgetieren.

5. Was sieht man für die Ferien vor? Will man ihn mitnehmen? Kennt man ein Hunde-Ferienheim? (Früh genug vorbestellen!)

6. Sind die für die Sauberhaltung der Wohnung Verantwortlichen bereit, die durch die Hundehaltung entstehende Mehrarbeit zu leisten?

7. Nimmt man in Kauf, daß man bei einigen Verwandten und Bekannten nicht mehr ein gern gesehener Gast sein wird mit dem Hund?

3. Die Wahl des Züchters

Mit dem Kauf des Boxers bei einem seriösen Züchter setzen wir das Risiko für spätere unliebsame Überraschungen in bezug auf Wesensveranlagung und Gesundheitszustand erheblich herab. Dennoch müssen wir uns darüber klar sein, daß jeder Hundekauf mit Risiken verbunden bleibt.

Bei der Wahl des Züchters ist es von Vorteil, wenn wir seine Arbeit und die damit verbundene Verantwortung näher kennen. Wir können uns dann selbst ein Urteil bilden und aufgrund dessen einen verantwortungsbewußten Züchter oder eine Züchterin ausfindig machen.

Was tut der Züchter?

Im Gegensatz zur mehr oder weniger zufälligen Vermehrung von Hunden steht die Zucht von Rassehunden. Durch gezielte Auswahl der Elterntiere versucht sie, möglichst gesunde, anatomisch ausgewogene und wesenssichere Hunde zu erhalten. Das ist einfacher gesagt als getan. Genetik, die Lehre von der Vererbung, ist eine heikle Wissenschaft. Ein einzelner Züchter vermag sich in den seltensten Fällen eingehend damit zu befassen. Aber ein Rasseklub als Organisation kann sich doch soweit orientieren und innerhalb des Zuchtgeschehens der eigenen Rasse einen Überblick verschaffen, daß gute Zuchtresultate nicht ausbleiben. Der Rassezüchter kann nun Anteil nehmen an diesem hergebrachten Wissen, an den Erfahrungen, die über viele Hundegenerationen zurückreichen. Als Züch-

termitglied seines Rassevereins begibt er sich freiwillig in den Bereich der kontrollierten Hundezucht, indem er sich bereiterklärt, die vom Rasseklub aufgestellten Bedingungen zu erfüllen, welche in der Zuchtordnung zusammengefaßt sind. Damit nimmt er schwerwiegende Verpflichtungen auf sich, wie etwa die Beschränkung der Wurfzahl zur Schonung des Muttertieres oder die veterinärmedizinische Untersuchung der Elterntiere auf gewisse Erbkrankheiten. All dies schmälert immer wieder den Gewinn, den er aus der Zucht zu lösen imstande wäre. Es ist eine Tatsache, daß seriöse Züchter nicht reich werden durch den Verkauf ihrer Welpen. Finanzieller Erfolg kann somit nicht das Motiv sein, das einen Züchter weitermachen läßt, selbst wenn sich – was unabänderlich ist – zeitweise Mißerfolge einstellen. Es gehört da schon sehr viel Freude an der Sache selbst dazu. Kein Züchter kommt ohne sie aus.

Auswahl der Elterntiere

Es gibt Boxerfreunde, die eine Hündin besitzen, und die auch gerne einmal einen Wurf von ihr haben möchten. Wenn das Tier vom Rasseklub nach Prüfung der äußeren und inneren Verfassung, der sogenannten Ankörung, zur Zucht zugelassen wird, steht dem nichts entgegen. Solche Leute sind zwar nicht eigentliche Züchter, aber sie können es durchaus noch werden: Mancher Züchter hat auf diese Weise angefangen und ist später nicht

Der Züchter oder die Züchterin wählen zur gut gehaltenen Hündin einen passenden Rüden.

Sie sorgen dafür, daß die Welpen unter optimalen Bedingungen ihre ersten Lebenswochen verbringen können.

Bei der täglichen Gewichtskontrolle erfährt der Welpe die Nähe des Menschen.

Im Wurf sozialisieren sich die Welpen mit ihren Artgenossen (Foto Juchli).

Die Züchter bemühen sich um eine Ernährung, die alle notwendigen Aufbaustoffe enthält (Foto Juchli).

Verantwortungsbewußte Züchter bieten ihren Welpen viele Kontakte zu jenem Umfeld, das sie später beim Besitzer erwartet. Hier die frühe Gewöhnung an das feuchte Element.

Nur der Boxer, der schon jetzt mit Kindern in Berührung kommt, wird auch später mit ihnen vertraut sein (Foto Juchli).

Besucher jeder Art sind den Züchtern willkommen, denn sie beleben das Umfeld der Welpen (Foto Juchli).

mehr losgekommen vom Reiz, der in dieser Beschäftigung liegt. Züchter im eigentlichen Sinne sind jene Leute, die versuchen, auf Jahre hinaus eine Reihe von Würfen zu planen. Da gibt es manches zu überlegen und allerhand in Kauf zu nehmen. Zu alledem braucht es noch Glück, um besonderen Erfolg zu haben, und dieses Glück läßt meistens länger auf sich warten. Nicht jedem Züchter gelingt es, einen Schweizersieger oder gar einen Weltsieger hervorzubringen. Das ist natürlich auch nicht nötig, um gute und gesunde Welpen anbieten zu können. Aber es ist verständlicherweise der heimliche Wunsch eines jeden Züchters, auch einmal an die Spitze zu gelangen. Der Züchteralltag hingegen ist geprägt von immerwährender Sorge und Arbeit. Es gilt, die Zuchttiere und die Welpen zu hegen und zu pflegen. Und ab und zu sind auch harte Entscheidungen zu treffen. Da hat man eine besonders liebenswerte Hündin, in die man Hoffnungen setzte, die jedoch nur sehr mittelmäßige Welpen bringt. Will man nun

Neugierig blickt der Welpe seiner Mutter in den Fang. Wenn diese ihre Jungen zuweilen auch unsanft packt, verletzt wird dennoch keines.

Das Gerammel der Welpen mit der Mutter bereitet sie auf spätere Begegnungen mit anderen Hunden vor. Dabei spielt sich auch ihre Beißhemmung ein.

wirklich weiterkommen mit der Zucht, sieht man sich gezwungen, das Tier an einen guten Platz zu geben. Schließlich kann man nicht alle Hunde behalten. Auch die Welpen gibt man ja weg, und bei diesem Vorgang kann es einem Züchter manchmal recht schwer ums Herz werden.

Auf die Kinderstube kommt es an

Beginnt eine Hündin am Ende ihrer Trächtigkeit zu werfen, hebt für den Züchter eine anstrengende Zeit an. Was in den nun kommenden zehn bis zwölf Wochen geschieht, ist für die Entwicklung der Welpen in hohem Maße entscheidend. Die gute Pflege und Ernährung der Hündin macht sich nun bezahlt, ebenso das sorgfältige Zufüttern der Welpen, wenn sie älter werden. Damit ist es jedoch nicht getan. Der fortschrittliche Züchter weiß, daß er sich auch um die innere Entwicklung der Welpen, um ihre Wesensbildung zu kümmern hat. In den ersten zwanzig Tagen besorgt zwar die Hündin normalerweise alles selbst. Dann aber beginnen ihre Jungen zusehends selbständig zu werden, und jetzt darf man sie nicht mehr ganz sich selbst überlassen. Der Züchter muß sich mit ihnen in sinnvoller Weise beschäftigen, damit sie sich an Menschen und alle möglichen Umwelterscheinungen gewöhnen. Was sie jetzt nicht in irgendeiner Weise erleben, wird ihnen später ungewohnt sein und sie belasten, möglicherweise gar erschrecken. Denn so aufnahmefähig wie in den ersten 12 Lebenswochen werden die Hundekinder später nie mehr sein. Deshalb bemüht sich der Züchter um eine weitgehende Gewöhnung der Welpen an die später zu erwartende Umwelt.

Es ist demnach nicht günstig für die Entwicklung der Welpen, wenn ein Zwinger völlig abseits liegt. Besser wäre es, wenn schon die Lage des Zwingers zu vielen Kontakten führen würde. Kontakte mit Geräuschen, optischen Erscheinungen und zu möglichst vielen und verschiedenen Menschen, auch zu Kindern.

All das gehört, wie gesagt, genauso zur Pflege der Welpen wie ihre Fütterung, die Entwurmung und die Impfungen. Die Arbeit geht dem Züchter nicht aus. Und Sorgen gibt es immer neue. Das Gespenst einer epidemischen Erkrankung ist nie ganz zu bannen. Die allergrößte Sorge jedoch steht dem Züchter noch bevor. Wer wird die Welpen kaufen?

Bevor wir auf diese Frage eingehen, werfen wir jedoch einen Blick auf die Entwicklungsphasen der Welpen (Tabelle S. 20). Auch darüber sollten wir ein wenig informiert sein, damit wir unnötige Fehler beim Aufziehen unseres Welpen verhüten können.

Die Beratung des Käufers durch den Züchter

Schon vor Wochen hat der Züchter seine Jungtiere ausgeschrieben, und er wartet nun auf das Ergebnis seiner Bemühungen. Je nach Jahreszeit und der gegenwärtigen Popularität der Rasse wird sich der Absatz der Welpen leichter oder schwerer gestalten. Der langjährige Züchter ist hier im Vorteil, kann er doch auf die Empfehlung durch seine früheren Kunden zählen, sofern diese mit ihm und ihren Boxern zufrieden waren. Schon aus diesem Grunde liegt es im Interesse des Rassezüchters, das Vertrauen seiner Kunden zu gewinnen und zu erhalten.

Was man im Verkehr mit den Käufern erlebt, kann zuweilen an die Nerven gehen. Da will jemand nur stubenreine Hunde kaufen, die überdies mit Sicherheit wachsam sein und niemals kläffen werden: alles Dinge, die in gleichem Maße von der Haltung durch den Besitzer wie von der Aufzucht abhängen. Manche Leute verlangen absolut gesunde Tiere, die garantiert keine Fehler aufweisen und gute Ausstellungsresultate bringen werden. So etwas läßt sich nie voraussehen. Es ist überhaupt so manches ungewiß, was später sein wird. Ein Hund ist eben keine technische Konstruktion, sondern ein Lebewesen. Der Züchter weiß es aus Erfahrung, und er versucht, die Käufer zu orientieren. Bei vielen stößt er damit auf Verständnis, bei andern nicht. Dabei kommt man um die Tatsache nicht herum, daß Erbkrankheiten, wie etwa die Veränderung der Hüftgelenke (Dysplasie), erst Monate später auftreten und beim Welpen noch nicht zu erkennen sind. Das einzige, was der Züchter in dieser Beziehung vorkehren kann: Er achtet darauf, daß die Elterntiere und deren Vorfahren möglichst wenig mit solchen Erbkrankheiten belastet sind. Das läßt sich anhand der Zuchtunterlagen nachweisen, was der verantwortungsbewußte Züchter dem Käufer gegenüber auch tut. Er legt ihm auch die Stammbäume der Elterntiere vor, damit sich der künftige Besitzer davon überzeugen kann, daß er wirklich ein rassereines Tier erwirbt, das im Stammbuch der zuständigen kynologischen Landesorganisation (Adressen siehe Anhang) eingetragen und damit auch von der FCI, der internationalen Dachorganisation, anerkannt ist. Das bedeutet, daß mit diesem Tier später der Zugang zu Ausstellungen und zum Hundesport uneingeschränkt offen ist. Mit einer solchen Orientierung hat der Züchter nun alles getan, was in seiner Macht liegt, um den Käufer fair und gut zu bedienen. Wie sich das erworbene Tier aber entwickeln wird, kann er nicht voraussagen, es läßt sich dies in der einen oder anderen Hinsicht höchstens vermuten. Ohne Risiko kann man eben keinen Hund kaufen. Aber der Kauf beim seriösen Rassezüchter setzt dieses Risiko erheblich herab. Das gilt nicht nur für die Gesundheit, sondern auch für den Charakter, das Wesen eines Hundes.

Hundekauf ist Vertrauenssache. Die beste Basis für den Käufer ist das Vertrauen, das er zu seinem Züchter gewinnt. Er sollte schon deshalb nicht nur einmal den Zwinger besuchen, sondern mehrmals. Der gute Züchter wird sich darüber freuen. Und er wird auch später für den Käufer ein vertrauter Helfer und Berater sein, wenn es um Ernährungs- oder Erziehungsfragen geht. Denn er bleibt zeitlebens interessiert am Wohlergehen der Welpen aus seiner Zucht.

Unser Kontakt zum Züchter

Wer einmal eine Vorliebe für den Boxer gefaßt hat, jenen Hund, der uns mit seinen großen dunklen Augen so treuherzig anzublicken vermag, der wird sich kaum von Argumenten abbringen lassen, ihn auch anzuschaffen. Selbst nach all den vorausgegangenen Überlegungen wird er am Entschluß festhalten, und es bleibt uns nur noch übrig, ihn auf das bestmögliche Vorgehen beim Kauf hinzuweisen.

Wie wir gesehen haben, ist der anerkannte Boxerzüchter jener Fachmann, der uns am ehesten Gewähr dafür bietet, einen guten Kauf zu tun. Wir finden ihn leicht, wenn wir bei den zuständigen Rasseklubs (Adressen siehe Anhang) die Züchterliste verlangen, wobei wir auch erfahren können, wo zur Zeit Würfe stehen. Wir können uns aber auch anhand der kynologischen Fachblätter orientieren.

Zwar lassen sich Hunde auch über den Katalog eines Versandgeschäftes bestellen, in einer Zoohandlung oder beim Hundehändler kaufen. Auch in Tageszeitungen werden Hunde angeboten, doch nur ganz selten von wirklichen Züchtern. Bei all diesen Angeboten wissen wir nie genau, wie das Tier aufgewachsen ist, ob es fachgerechter Pflege und Fütterung sowie einer günstigen Beeinflussung durch die Umwelt teilhaft geworden ist. Freilich sind solche Tiere oft billiger, aber häufig hat man später dem Tierarzt mehr als die Preisdifferenz zu bezahlen. Auch verfügen jene Hunde nur ausnahmsweise über einen Stammbaum, so daß das Mitmachen im Hundesport nur sehr beschränkt möglich ist und die Teilnahme an Ausstellungen gänzlich außer Frage steht.

Der wichtigste Grund für den Kauf beim Züchter liegt jedoch darin, daß wir die Aufzucht unseres Welpen verfolgen können. Wir lernen den Züchter im Gespräch kennen und können uns ein Bild von seiner Persönlichkeit machen. Sehr zu empfehlen ist es, mehr als eine Zuchtstätte zu besuchen. Einerseits kommen wir so zu einigen netten Familienausflügen, andererseits lernen wir dabei bedeutend mehr, als wir aus Büchern zum Thema erfahren.

Wir können jetzt die verschiedenen Verhältnisse vergleichen. Dort wo wir das größte Vertrauen gefaßt haben, werden wir dann unseren Welpen aussuchen. Wichtig wäre es, den Wurf nicht nur einmal zu besuchen und zu beobachten, denn die Welpen sind nicht immer in der gleichen Verfassung. Ein Tier, das heute ausgesprochen matt wirkt, kann sich morgen temperamentvoll zeigen. Ob wir schließlich jenen Welpen wählen, der uns stets als erster entgegenspringt, oder jenen, der sich gegenüber den Wurfgeschwistern am dominantesten gebärdet, ist nicht so bedeutend. Oft ist übrigens nur noch ein Tier übriggeblieben, und auch dieses kann für uns genau das richtige sein. Hören wir, was uns der Züchter über die einzelnen Welpen zu sagen hat. Allerdings sollten wir niemals einen Welpen wählen, der sich als überaus scheu und schreckhaft erweist. Man läuft leicht Gefahr, gerade zu solch benachteiligten kleinen Hunden eine besonders starke Zuneigung zu fassen; Gefühle des Bedauerns und des Mitleids sind jedoch beim Hundekauf die allerschlechtesten Ratgeber. Vergessen wir nicht, daß wir an die zehn Jahre mit dem ausgewählten Hund zubringen werden. Wir möchten ja Freude mit unserem Vierbeiner erleben und nicht dauernd Schwierigkeiten mit ihm haben. Dies ist bei wesensschwachen Tieren aber nicht selten der Fall.

Die Entwicklungsphasen des Welpen bis zum Junghund

Zeit	Entwicklungsphase	Körperliche Entwicklung	Verhalten	Konsequenzen
minus 63 Tage	Deckakt	Das Erbgut setzt sich zusammen	Erbliche Vorbestimmung der späteren Wesensart	Die Wahl der Elterntiere wirkt sich aus
Tage 63 bis zur Geburt	Tragzeit	Heranwachsen des Embryos bis zur Geburt		Die Entwicklung hängt vom Wohlbefinden der Mutter ab
Tag null	Geburt	Der Stoffwechsel wird vom Welpen übernommen	Die Mutter entfernt instinktiv die Fruchthülle und nabelt ab	Schwierigkeiten bei der Geburt können die weitere Entwicklung beeinträchtigen
Tage null bis 21	»Neonatale Phase« des Nesthockers	Die Mutter sorgt durch Lecken des Bauches für die Entleerung. Sie frißt die Exkremente und hält den Wurf sauber	Wärmeempfinden und Geruchsvermögen lassen den Welpen die Mutter suchen und die Zitzen finden. Er bewegt sich dabei mit den Vorderbeinen und pendelt mit dem Kopf hin und her (robben)	Ohne angeborenes Saugen und Aufsuchen der Mutter könnte der Welpe nicht am Leben bleiben
vom 4. bis 12. Tag		Nach und nach öffnen sich die Ohren	Hörfähigkeit noch fraglich	
vom 8. bis 14. Tag		Nach und nach öffnen sich die Augen	Anfänglich noch kaum sehfähig, aber bis zum 21. Tag wird die Sehfähigkeit erreicht	Fortbewegung wird gezielter, erfolgt aber noch pendelnd und »robbend«
Tag 22 bis 28 4. Woche	Sensibles Aufnehmen der Umwelt	Das Hirn ist funktionsfähig, reift bis zur 7. Lebenswoche aus	Die Fortbewegung erfolgt nicht mehr durch robben. Der Welpe reagiert stark auf Umwelterscheinungen	Der Welpe sollte nicht aus dem Wurf entfernt und möglichst in Ruhe gelassen werden
5. bis 7. Woche	Welpenwachstum	Rasch zunehmende Beweglichkeit des Körpers. Lernfähigkeit ist etabliert.	Erhöhte Aufmerksamkeit und Aktivität. Es bilden sich Gewohnheiten. Sozialisierung mit Geschwistern und Menschen	Welpe muß mit Menschen in Kontakt kommen und beschäftigt werden
Ende 8. Woche	Mögliche Abgabe an Besitzer	Der Welpe ist genügend entwickelt und entwöhnt	Er schließt sich leicht an neue dominante Partner an. Aber die Rangordnungsphase hat er noch nicht erlebt	Bei Übernahme in dieser Zeit muß für viel Kontakt mit andern Hunden gesorgt werden
8. bis 12. Woche	Rangordnungsphase	Beim intensiven Spielen und Rammeln entwickeln sich Muskulatur und Bewegungskoordination	Das Hirn ist voll entwickelt, nur die Erfahrung fehlt. Bei den Rangordnungskämpfen geschieht ein wichtiger Teil der Sozialisierung	Das Erleben der Rangordnungsphase im Wurf prägt das normale Verhalten gegenüber andern Hunden
12. Woche und Monate 4 bis 5	Mögliche Abgabe an Besitzer (später ungünstig)	Der Welpe ist in jeder Beziehung gut entwickelt und nach guter Aufzucht auch robust	Der Welpe versucht sich – je nach seiner individuellen Veranlagung – stark oder weniger stark durchzusetzen	Das Einordnen ins »Familienrudel« sollte klar und konsequent erfolgen
Monate 6 bis 9	Pubertät	Reifen der Fortpflanzungsfähigkeit	Sensibilität und »Trotzverhalten«	Geduld und Konsequenz sind erforderlich
bis 1½ Jahre	Endentwicklung	Ergänzendes Wachstum	Das persönliche Wesensbild des Hundes zeichnet sich ab	Sinnvolle Beschäftigung des Hundes fördert ein den Verhältnissen angepaßtes Verhalten

4. Der Welpe kommt nach Hause

Es lohnt sich, wenn wir uns auf den Tag der Übernahme des Welpen gut vorbereiten. Denn wenn wir jetzt grobe Fehler machen, wirkt sich das oft lange Zeit aus. Wir dürfen nicht vergessen, daß alles Neuartige den Hund stark beeindruckt. Er ist dann sehr aufmerksam, und was er erlebt, prägt sich ihm ein.

Wir sollten demnach einiges wissen und vorausplanen, bevor es soweit ist, und wir voller Freude, aber mangelhaft informiert, den Boxerwelpen unter den Arm nehmen und nach Hause bringen.

Einmal hat das Alter bei der Übernahme gewisse Konsequenzen. Dann sollte man noch bei und mit dem Züchter den Welpen einer Kontrolle unterziehen. Damit sparen wir uns unter Umständen eine Menge Ärger und Umtriebe. Die Art und Weise wie wir den Transport des kleinen Hundes vornehmen, muß ebenfalls überlegt sein. Und schließlich ist es von entscheidender Bedeutung, wie wir das Boxerkind bei uns zu Hause einführen.

Wie alt soll der Welpe bei der Übernahme sein?

Es ist nicht gleichgültig, in welchem Alter ein Welpe vom Züchter übernommen wird. Die Erforschung der Entwicklungsphasen des Hundes von der Geburt bis zu einem Alter von etwa zwölf Wochen hat mit aller Deutlichkeit gezeigt, wie bedeutsam diese frühe und kurze Lebens-Spanne für das spätere Verhalten des erwachsenen Tieres ist. Denn es handelt sich um eine Zeit – vergleichbar einer Prägungsphase –, wo die Welpen unglaublich aufnahmefähig sind. Was sie jetzt erleben, bleibt ihnen immer vertraut, was sie jetzt nicht erfahren können, wird sie ihr Leben lang belasten und womöglich frustrieren.

Bei uns ist es üblich, den Welpen mit acht, zehn oder zwölf Wochen zu übernehmen. Jede dieser Altersstufen ist vertretbar, bringt aber doch einige Vor- und Nachteile mit sich.

Übernahme mit acht Wochen
Der achtwöchige Welpe hat noch wenig Gelegenheit gehabt, sich mit seinen Geschwistern auseinanderzusetzen, steht er doch zu dieser Zeit erst am Anfang der sogenannten Sozialisierungsphase. Aber er fühlt sich mit dem Muttertier noch sehr stark verbunden. Nehmen wir ihn jetzt zu uns, sollten wir ihm weiterhin Kontakte zu möglichst vielen andern jungen Hunden bieten und ihn bei solchen Begegnungen ganz sich selbst überlassen. Dann lernt er aus eigener Erfahrung, wie er sich gegenüber Artgenossen zu benehmen hat, um von ihnen akzeptiert zu werden. Vorteilhaft ist, daß sich ein von der Mutter noch so abhängiges Tier sehr rasch und nachhaltig dem Besitzer und seiner Familie anschließt. Es empfiehlt sich, dort den Welpen in diesem Alter zu übernehmen, wo der Züchter wenig Zeit aufwendet, um sich mit dem Wurf zu beschäftigen, und wo zudem der Zwinger in einer Umgebung liegt, die den Welpen nur spärlich Abwechslung bietet.

Mit der Übernahme des Welpen geht die Verantwortung auf die Besitzer über. Um dieser Aufgabe gewachsen zu sein, benötigt man grundlegende Kenntnisse (Foto Juchli).

Übernahme mit zehn Wochen

Nun ist der Welpe schon besser geübt im sozialen Verhalten gegenüber seinen Geschwistern und damit auch gegenüber andern Artgenossen, hatte er doch Gelegenheit, sich nach Lust und Laune herumzubalgen. Dabei lernte er, wie man sich als Hundekind benehmen muß, um aus diesen oft rauhen Auseinandersetzungen im Wurf ohne Schaden zu nehmen hervorzugehen. Anders ausgedrückt: Er ist im Umgang mit seinesgleichen sicher geworden.

Das ist entscheidend für den Verlauf späterer Begegnungen mit fremden Hunden. Ein weiterer Vorteil besteht darin, daß die Entwurmung und die Grundimpfung noch beim Züchter erfolgen konnten. Auch ist ein solcher Wel-

pe immer noch sehr leicht zu beeinflussen und wird schnell anhänglich gegenüber der Besitzerfamilie. Alles in allem ist somit das Alter von zehn Lebenswochen ein günstiger Zeitpunkt zur Übernahme.

Übernahme mit zwölf Wochen

Mit zwölf Wochen erhält man in der Regel einen Hund, der ganz vorzüglich sozialisiert mit Artgenossen ist und in dieser Beziehung später keine Probleme aufgeben dürfte. Aber einzelne Tiere haben in diesem Alter schon eine ausgeprägte Selbständigkeit erreicht, da ja die Abwendung von der Mutterhündin meist schon erfolgt ist. Man muß somit einen solchen Junghund von Anfang an besonders konsequent behandeln und klar im Familienbereich einordnen. Denn der kleine Hund

Bei der Ankunft zu Hause sollte man den Welpen nicht bestürmen mit Zudringlichkeiten, als wäre er ein Spielzeug. Er braucht jetzt Ruhe, um sich am neuen Platz zurechtzufinden.

schließt sich nun nicht ohne weiteres von selbst dem Besitzer an, weil er noch viel Wärme und Zuwendung benötigt, sondern er fügt sich dort ein, wo ihm deutlich gemacht wird, was er tun darf und was nicht. Das heißt, er bedarf schon der Führung. Das bedeutet natürlich nicht, daß man grob mit ihm zu sein hat. Doch sollten ihm nun neben allen Freiheiten, die ihm zu gewähren sind, auch Tabus gesetzt werden. Gerade dies verleiht ihm dann jene Sicherheit, die ihn zu einem fröhlichen und angenehmen Hund werden lassen.

Ungünstiges Übernahmealter
Einen Welpen früher als mit acht Wochen zu übernehmen ist nicht ratsam, weil solche Tiere noch zu wenig Gewöhnung im Umgang mit den Geschwistern erlangen konnten. Damit sind für spätere Lebensphasen Schwierigkeiten im Verkehr mit andern Hunden vorprogrammiert. Sie zeigen sich darin, daß Neigung zu Raufereien besteht, oder daß solche Hunde infolge ihrer Unsicherheit ständig von anderen Hunden angegangen werden. Übernimmt man einen Welpen später als mit sechzehn Wochen, können sich je nach Haltungsweise im Zwinger erhebliche Wesensmängel herausbilden, welche die Haltung erschweren. Das ist besonders dann der Fall, wenn die jungen Hunde neben älteren Tieren gehalten werden, die sie dann häufig drangsalieren.

Die Kontrolle bei der Übernahme

Gemeinsam mit dem Züchter werden wir nochmals den Gesundheitszustand des Welpen überprüfen. Ist das kleine Tier munter wie üblich? Sind seine Augen klar oder gerötet? Weisen sie Ausfluß auf? Kratzt sich der Welpe übermäßig? Ist das Fell in Ordnung, sind keine Schürf- oder Schorfstellen sichtbar? Pinkelt der Welpe allzuoft? Ist sein Exkrement normal? Gibt es Anzeichen von Wurmbefall (verschmutzte Afterregion, Afterrutschen oder Afterlecken)? Sind beim Rüden beide Hoden fühlbar? Damit sind wir bei der rechtlichen Seite der Übergabe angelangt. Ist der Welpe für gut befunden, bezahlt und abgeholt worden, besteht nur noch bedingt Gewähr für erst später erkennbare Mängel. Wir sind dann völlig auf den guten Willen des Züchters angewiesen. Der seriöse Züchter wird unsere Erwartungen in dieser Beziehung immer erfüllen, ein Händler (der sich oft auch Züchter nennt) oder ein Versandgeschäft in der Regel nicht. Höchstens wird uns hier ein Ersatzwelpe angeboten, und darauf gehen wir bei einem Welpen, der uns schon lieb geworden ist, kaum ein. Schließlich ist der Hund für uns mehr als nur eine Ware.

Der Kauf eines erwachsenen Boxers

Grundsätzlich geht man bei der Übernahme eines erwachsenen Boxers analog zu dem vor, was hier für den Welpen gesagt worden ist. Es ist an sich erfreulich, daß die allermeisten Boxer, die an ihrem ersten Platz keinen dauernden Aufenthalt finden konnten, von Familien aufgenommen werden. Aber die Erfahrung lehrt uns, daß solche Tiere am neuen Platz einige Zeit benötigen, bis sie sich ganz eingelebt haben. Bei Hunden über eineinhalb Jahren dauert das in der Regel ganze sechs Monate. In dieser Zeitspanne scheinen – vom

Besitzer aus betrachtet – einige Veränderungen im Verhalten des vierbeinigen Familienmitgliedes vorzugehen. Nur selten bleibt der Hund so, wie er auf den ersten Eindruck hin zu sein schien, als man ihn abholte.

Damals befand er sich in einer völlig anderen Situation, an die er sich gewöhnt hatte, und wo andere Bezugspersonen zugegen waren. Nun aber kommt er zu uns in eine veränderte Umgebung, die ihm erst nach und nach vertraut wird. Hier versucht er nun dauernd, sich zu orientieren, und dazu fällt ihm allerhand ein. Zuerst ist er dabei recht unsicher, doch je nach Veranlagung wird er früher oder später mit mehr Entschlossenheit vorgehen, was dann wie zunehmender Eigensinn aussieht. Haben wir keine Ahnung, unter welchen Bedingungen unser Hund früher gelebt hat, können wir auch nicht wissen, was für Untugenden – zuweilen freilich auch Tugenden – in Zukunft wieder auftauchen werden. Es empfiehlt sich in dieser Zeit der Angewöhnung, den Hund nicht sich selbst zu überlassen, sondern sich gezielt mit ihm zu beschäftigen. Der Besuch eines Erziehungskurses böte dazu eine gute Gelegenheit. Es läßt sich auch aus einem guten Buch über Hundehaltung einiges darüber lernen, wie man mehr Einfluß auf einen Hund gewinnt. Wichtig ist: Je schneller wir einen guten Kontakt zum Hund erreichen, desto besser sind wir auch in der Lage, einzuschreiten, wenn der Hund überraschenderweise in eine alte, uns völlig unbekannte schlechte Gewohnheit verfällt. Nur mit sofortigem Reagieren beim ersten Wiederauftauchen früher angenommener Untugenden haben wir eine Chance, diese wieder zum Verschwinden zu bringen. Handle es sich nun um das Benagen von Teppichen, das Schnappen nach Passanten oder das Nachrennen bei allen denkbaren Vehikeln, die sich im Gelände bewegen. Ist es dem Hund mangels Aufmerksamkeit des neuen Besitzers dagegen möglich, mehrmals der alten schlechten Gewohnheit ungestraft zu frönen, dann wird es außerordentlich schwierig, ihn je noch davon abzubringen.

Für den Transport und die Ankunft zu Hause gilt für den erwachsenen Boxer sinngemäß dasselbe, was im folgenden für den Welpen empfohlen wird.

Die Fahrt nach Hause

Holen wir unseren Welpen mit dem Auto nach Hause, so sollten wir ihn mit einer Person auf dem Rücksitz unterbringen, die ihn betreut und mit einem Tuchfetzen oder einem anderen vertrauten Gegenstand aus dem Zwinger mit ihm spielt. Nun fahren wir nicht allzu rasant, halten nach fünf Minuten an und spazieren ein wenig mit unserer Neuerwerbung. Erst jetzt setzen wir die Reise fort, wobei wir den Kleinen ständig beobachten. Zeigt er Speichelfluß, verrät er auf irgendeine Weise, daß ihm nicht wohl ist, unterbrechen wir die Fahrt erneut für einige Minuten. Es ist sehr wichtig, daß die erste Fahrt im Auto unserem Hund nicht zu einem Schreckenserlebnis wird. Das könnte zur Folge haben, daß er für längere Zeit das Autofahren nicht mehr erträgt und dabei dauernd erbricht.

Ankunft zu Hause

Zu Hause angekommen, betreten wir das Haus und die Wohnung nicht sofort, sondern lassen den Welpen im Garten oder in Hausnähe an jener Stelle länger verweilen, wo er auch in Zukunft seine kleinen und großen Geschäfte zu verrichten hat. Setzt er Wasser ab, loben wir ihn dabei ausgiebig mit »Brav Brunneli machen« oder ähnlich. In der Wohnung haben wir ihm einen Korb oder eine Kiste bereitgestellt, und zwar an einem Platz, von wo aus er eine gewisse Übersicht auf das familiäre Geschehen genießt. Also beispielsweise im Flur, in den die meisten Türen führen. Hier darf er sich nun ausschnüffeln, aber auch in allen jenen Räumen, welche ihm ein zuvor abgehaltener Familienrat als frei zu betretendes Gebiet zugesprochen hat. Mit der Nase nimmt der junge Hund auf diese Weise die neue Umgebung auf und macht sich mit ihr vertraut.

Da uns das Gebaren des herzigen Boxerwelpen mit Sicherheit fasziniert, bedienen wir uns des Küchenweckers, damit wir nicht vergessen, den Kleinen jede halbe Stunde auf den Arm zu nehmen und auf den Versäuberungsplatz zu tragen, wo wir jedesmal genau wie bei unserer Ankunft verfahren. In der ersten Nacht lassen wir den Welpen ruhig zu uns ins Schlafzimmer kommen, wenn er nicht in seinem neuen Korb bleiben möchte. Bald wird er von selbst auf seinem Lager verharren. Dort haben wir auch den Stoffetzen oder einen anderen vertrauten Gegenstand aus dem Zwinger hingelegt. Gehen wir auf diese Weise konsequent vor, dürfte es kaum Schwierigkeiten mit der Stubenreinheit geben. Auch sonst wird sich der Kleine bald gut einleben. Unter günstigen Bedingungen aufgezogene Welpen sind außerordentlich anpassungsfähig.

5. Einfügen des Welpen in den Wohnbereich

Am Ende des vorausgegangenen Kapitels sind wir kurz auf die Vorgänge eingegangen, die sich bei der Ankunft des Welpen beim Besitzer ergeben. Von der Stubenreinheit und dem Schlafplatz war die Rede. Da diese Dinge für das spätere Verhalten des Welpen von entscheidender Bedeutung sind, und weil wir dabei unser eigenes Verhalten dem Auffassungsvermögen des Hundes anzupassen lernen, sei nun nochmals eingehender erklärt, um was es hier geht.

Vergessen wir nicht, daß alles, was für den Hund neu ist, ihn stark beeindruckt. Kommt er mit unserer Hilfe damit zurecht, lernt er oft unwahrscheinlich rasch. Verlangen wir aber aus Unkenntnis zuviel von ihm, wird er verunsichert und lernt schlecht oder gar nicht.

Die Stubenreinheit

Das Erlangen der Stubenreinheit stellt eine wichtige Stufe der Erziehung dar. Wir sollten darauf achten, daß wir den kleinen Hund dabei nicht überfordern. Das wäre dann der Fall, wenn wir davon ausgingen, man müsse das Sauberbleiben dem Hund befehlen und ihn strafen, wenn er nicht gehorcht. Damit würden wir nur unser Verhältnis zu ihm von Anfang an ganz unnötig belasten, sein Vertrauen zu uns herabsetzen.

Vielmehr sollten wir uns bemühen, den Welpen durch geschicktes Angewöhnen zur Stubenreinheit zu bringen. Dazu dienen uns die folgenden Regeln.

1. Noch bevor wir den Welpen abholen, haben wir im Garten oder in Hausnähe einen geeigneten Platz bestimmt, wo er sich versäubern kann.

2. An diesem Ort soll er bei der Ankunft und in den ersten Tagen in regelmäßigen Zeitabständen getragen werden, anfangs jede halbe Stunde.

3. Auf dem Platz drängt man den Welpen nicht zum Versäubern, sondern nimmt sich alle Zeit, bis er dies von selbst tut.

4. Sobald er Wasser läßt oder Kot absetzt, ertönt unser einschmeichelndes Lob, das leise gegeben werden muß, damit es den Hund nicht ablenkt.

Hinaustragen des Welpen zu dem zuvor bestimmten Versäuberungsort erleichtert ihm das Erreichen der Stubenreinheit. Zu Anfang sollte dies jede halbe Stunde geschehen.

5. Hat er sein kleines oder großes Geschäft erledigt, läßt man ihn noch etwas herumschnüffeln, spielt kurz mit ihm und geht mit ihm ins Haus zurück.

6. Passiert es in den ersten Tagen, daß der Welpe trotz unserer Umsicht im Hause Urin oder Kot absetzt, ist er nicht auszuschimpfen oder gar zu strafen, sondern man trägt ihn dennoch zum Versäuberungsplatz, als wäre nichts geschehen.

7. Sobald sich eine gewisse Sicherheit in der Stubenreinheit abzeichnet, können wir länger warten als eine halbe Stunde, doch sollte trotzdem eine gewisse Regelmäßigkeit innegehalten werden.

8. Sollte sich später einmal der Junghund im Hause versäubern, sollten wir ebenso vorgehen wie unter Punkt 6 beschrieben. Würden wir jetzt strafen oder auch nur schelten, könnte sich dieses unerwünschte Verhalten festsetzen.

9. Beginnt ein Junghund, der schon sehr sicher stubenrein war, sich plötzlich auffallend oft im Hause zu versäubern, sollte man den Tierarzt aufsuchen um festzustellen, ob er krankheitshalber rückfällig geworden ist.

Der Welpe kommt erstmals ins Haus

Hier ist nun alles neu für den Kleinen, und das nimmt er zuerst und vorwiegend mit seiner Nase auf. Das heißt, er beginnt sich schnüffelnd zu orientieren. Dazu sollte man ihm die nötige Zeit lassen. Eine Kinderschar, die nun unbedingt mit dem herzigen Neuling spielen will und ihn von allen Seiten bestürmt, ist für ihn zuviel. Man erklärt am besten jetzt den Kindern, daß das junge Tier Ruhe braucht und ohnehin schon von so vielen neuen Eindrücken fast zu sehr bedrängt wird. Spielen sollte man dann, wenn uns der Hund selbst dazu auffordert, was jeder gesunde Welpe regelmäßig tun wird. Dazwischen benötigt er aber eine Menge Schlaf. Man tut gut daran, die Kinder aufzufordern, zu beobachten, was der Kleine tut und mit uns darüber zu sprechen. Schon jetzt sollte man auch bedenken, daß dieser kleine Kerl in einigen Monaten ein großer Hund sein wird, und daß es dann sehr schwer für uns wie für ihn sein wird, Dinge, die man ihn jetzt tun läßt, wieder abzugewöhnen beziehungsweise zu unterlassen. Also ist es von Vorteil, wenn wir ihn von allem Anfang an jene Räume nicht betreten lassen, die er auch später nicht betreten darf. Auch auf Möbel wie Sofas und Sessel, worauf man ihn in der Zukunft nicht haben möchte, sollte man ihn nicht setzen.

Nicht vergessen darf man, daß der kleine Hund bei all der Aufregung bald Wasser braucht. Ein kleiner Behälter sollte deshalb bereitstehen, und zwar an einer Stelle, die er immer erreichen kann. Die Futterschüssel dagegen ist separat zu halten, so daß der Welpe nur bei den Mahlzeiten Zugang hat. Stellt man sie beispielsweise in die Küche – dies natürlich nur, wenn eine Tür vorhanden ist –, sollte der Hund anfangs aufgehoben und zu seinem Topf getragen werden. Damit bleibt für ihn das Betreten ein Tabu, und er wird später keine Schwierigkeiten machen, wenn man von ihm verlangt, vor der Schwelle zu warten bis sein Napf gefüllt ist. Praktische Fütterungsstellen sind auch Küchenbalkone, sofern sie vor Regen geschützt sind.

Wo soll der Hund sein Lager haben?

Hat man schon zuvor einen Hund gehabt, weiß man aus Erfahrung, wo er gern schlief. Und sein Korb, der auch dann für eine Hundenase noch nach Hund riecht, wenn man die Einlage gereinigt hat, bietet uns den Vorteil, daß nun der neue, kleine Hund sogleich auf diesen Geruch anspricht und gerne in diesem Korb verweilt. Hatte man zuvor noch keinen Hund, muß man ausprobieren, an welcher Stelle der Wohnung er sich wohlfühlen wird. Grundsätzlich schlafen Hunde gern in zentraler Lage, so beispielsweise im Flur, wo alle Türen münden, auch jene, die hinausführt, und die ihn deshalb in hohem Maße interessiert. Es kann aber auch sein, daß unser Junghund sein Lager stets verläßt und lieber an harter Stelle anderswo verweilt. Da wir selbst viel weniger gut hören, vor allem auch gewisse Töne, die unser Hund vernimmt, überhaupt nicht wahrnehmen, weil sie sich außerhalb der für uns erfaßbaren Frequenzbereiche befinden, ist es durchaus möglich, daß ihn ein Geräusch stört, eine Wasserleitung vielleicht. Es kann aber auch sein, daß Zugluft ihn von seinem Lager vertreibt, die wir selbst gar nicht bemerken, weil wir uns ja in einem viel höheren Bereich bewegen als der Hund. Daran denkt man auch auf der Straße viel zu wenig, wo der Kopf und damit die Atmungswege des Hundes oft von unangenehmen Gerüchen und Gasen erreicht werden, die wir gar nicht bemerken.

Das Lager selbst sollte mit einer nicht allzuweichen Einlage, einer Matratze oder einer zusammengefalteten Decke ausgelegt sein und nicht zu hohe Umrandung aufweisen. Natürlich wird es für den Welpen noch zu groß sein, aber das schadet nicht. Damit der Hund gern aufs Lager geht, kann man ihm dort einen Leckerbissen hinlegen, wenn man ihn auch dort haben möchte. Begibt er sich dann hinein, um diesen Bissen zu fressen, begleiten wir ihn mit einem Hörzeichen wie »schön Platz machen« oder ähnlich. Bald wird er auf dieses Zeichen in den Korb klettern, und wir können ihn dann mit dem erwarteten Leckerbissen dort loben. Solche kleinen Vorgänge, die wenig Zeit kosten, können – wenn mit der notwendigen Konsequenz durchgeführt – eine unerhört wirksame Vorbereitung für das sein, was wir später den Gehorsam nennen. Der Welpe gewöhnt sich dadurch sehr früh und nachhaltig daran, auf das, was wir sagen, zu achten, und das, was von ihm damit verlangt wird, auch zu tun. Alle Erziehungsschritte werden dann viel leichter erreicht werden.

Die erste Nacht

Wir haben eben von Konsequenzen gesprochen. Manche Leute sind ganz versessen darauf, konsequent mit dem Junghund zu sein, doch oft sind sie dies am falschen Orte. Wer meint, man müsse den Welpen schon in der ersten Nacht sich selbst auf seinem Lager überlassen, auch wenn er unruhig wird und zu winseln oder jaulen beginnt, hat eine falsche Vorstellung davon, was Konsequenz in der Hundeerziehung bedeutet. Vor allem wir sollten konsequent sein, indem wir dem Hund das, was wir von ihm wünschen, stets in der genau gleichen Form verständlich zu machen versuchen. Ihn jedoch in der ersten Nacht ohne Kontaktmöglichkeit zu belassen, ist ganz einfach eine brutale Dummheit. Bis zum heutigen Tage war das kleine Tierchen doch von seinen Geschwistern umgeben, hatte immer Kontakt zu ihnen gehabt, wenn es dessen bedurfte, meist auch im Schlaf, wo das bekannte Kontaktliegen ihm wohlige Wärme und Geborgenheit vermittelte. Und nun befindet er sich auf einmal in einer völlig neuen Umgebung und wird allein gelassen. Was wunder, wenn er das nicht aushält.

Eine bewährte Technik, um den Hund ohne Schwierigkeiten und in kurzer Zeit daran zu gewöhnen, allein in seinem Korb zu schlafen und sich dort auch wohl zu fühlen, besteht gerade darin, daß man ihm erlaubt, die ersten Nächte in unserer Nähe zu verbringen. Man stellt dazu seinen Korb neben das eigene Bett und läßt die Tür zum Flur, wo er später schlafen wird, angelehnt. Beginnt er unruhig zu werden, können wir ihn für eine Weile mit der Hand berühren. Nach einigen Tagen stellen wir den Korb – immer noch im Schlafzimmer – etwas weiter vom Bett weg, und bald belassen wir ihn im Flur, ohne jedoch die Türe zu schließen. Jetzt wird der Hund vermutlich sich neben unserem Bett hinlegen, wenn wir schlafen gehen. Doch dort wird er nicht sehr lange bleiben, sofern die Bettvorlage nicht weicher als seine Korbeinlage ist. Er wird also nach einer Weile in sein Lager wechseln. Nach wenigen weiteren Tagen können wir dann auch die Türe ganz schließen, und der Hund wird fortan ruhig und gern die Nacht dort verbringen, wo er schließlich hingehört.

In der ersten Nacht braucht der Welpe den Kontakt zum Menschen.

Grundsätzliches zum Verhalten der Besitzer

Mit Befehlen und Schimpfen läßt sich kein Hund erziehen, weder ein ganz junger, noch ein älterer. Wir müssen anders vorgehen. Es lohnt sich, wenn man sich über die Frage »Wie sag ich's meinem Hund?« einige Gedanken macht, bevor man ihn aus Unkenntnis frustriert.

Ein Hund ist von Natur aus völlig anders ausgestattet als wir es sind. Er sollte nie als »dummes Tier« betrachtet oder wie ein in seiner Intelligenz reduziertes Kind behandelt werden. Dumm ist der Hund nämlich keineswegs, er ist nur anders. Wenn er merkt, was wir eigentlich von ihm wollen, dann tut er es auch gern. Denn es ist ihm ein inneres Bedürfnis, zu verstehen und verstanden zu werden. Als ehemaliges Rudeltier war er durchaus in der Lage, sich mit seinen Rudelgenossen zu verständigen, was ja zur Ausübung der Rudeljagd unerläßlich und somit eine Frage des Überlebens war. Als domestiziertes Haustier vermag nun der Hund – im Gegensatz zu einem Wildtier – auch uns als Rudelpartner zu

betrachten. Finden wir jetzt heraus, was er verstehen kann und was nicht, haben wir das heikle Spiel der Erziehung im Grunde schon gewonnen.

Es ist eine wichtige Grundregel, daß man den Hund nicht überfordert, sondern den Zugang zu seiner Art des Verstehens mit Umsicht sucht. Dies besonders in den ersten Wochen, wo er sich bei uns zurechtfinden muß. Alles ist ihm hier neu, die Gerüche, die Räume, die Menschen. Je regelmäßiger wir jedoch unseren Tagesablauf gestalten und den Hund mit seinen Bedürfnissen darin einfügen, desto schneller gewöhnt er sich an uns und unsere Verhältnisse. Er fühlt sich dann wohl und sicher und bleibt aufnahmebereit für das, was wir ihm zu sagen haben. Wie wir dies tun, soll nun erklärt werden.

Der Boxer will erzogen sein

Man sagt vom Boxer, er sei ein ausgezeichneter Familienhund. Dasselbe läßt sich von den meisten anderen Rassen auch sagen. In jedem Falle gilt jedoch, daß ein Hund nicht von sich aus zum angenehmen vierbeinigen Mitglied der Familie wird. Man muß ihm dazu verhelfen. Tut man das geschickt und konsequent, und war die Aufzucht für seine Sozialisierung förderlich, dann wird es freilich bei einem Boxer kaum Schwierigkeiten geben. Er ist von Natur aus freundlich und gutartig, und er ist auch anpassungsfähig. Was uns vielleicht einige Mühe bereiten könnte, ist sein Temperament. Wir benötigen etwas mehr Geduld und Konsequenz für die Erziehung eines aufgeweckten und tatendurstigen Hundes. Dafür wird es uns später leichter fallen, seine Arbeitsfreude zu wecken.

30

Wem bis dahin nicht bewußt geworden ist, daß er kein Stofftier sondern ein Lebewesen angeschafft hat, wird es jetzt zur Kenntnis nehmen müssen. Und er wird erkennen, daß der neue Hausgenosse nicht nur der Bewegung und der Pflege bedarf, sondern ebenso der Zuwendung seitens des Besitzers. Das heißt, man muß sich zwar nicht dauernd, aber doch zeitweise und regelmäßig mit ihm beschäftigen. Diese Zeit ist nicht verloren – im Gegenteil, sie ist in mehrfacher Hinsicht gewinnbringend angelegt. Auch uns schadet Bewegung nicht, und es gibt keine bessere Entspannung als die Beschäftigung mit einem Hund, wenn man nur einige Grundsätze dabei beachtet.

Erziehen heißt, sich mit dem Hund verständigen

Wie wir nun schon wissen, ist der Hund nicht mit befehlen, schimpfen oder gar bestrafen zu erziehen. Es geht vielmehr darum, ihn gezielt an ein erwünschtes Verhalten zu gewöhnen. Das setzt voraus, daß wir in der Lage sind, den Hund merken zu lassen, was wir von ihm erwarten.

Der Hund ist eben kein Kleinkind, das zwar nicht sprechen, aber doch sehr gut hören kann. Er ist ein ganz anders konzipiertes Lebewesen als der Mensch und kann mit diesem nicht verglichen werden. Das müssen wir berücksichtigen, wenn wir uns ihm verständlich machen wollen. Mit Worten erreichen wir wenig oder nichts. Wir sollten uns da anderer Mittel bedienen. Schauen wir uns einmal näher an, wie sich Hundeeltern mit ihren Jungen verständigen.

Bis etwa zur sechsten Lebenswoche können die Welpen so ziemlich alles tun, was ihnen einfällt, weder ihre Mutter noch der Vater (der allerdings nur selten im Rudel verbleibt) werden sie daran hindern, es wäre denn, um sie vor einer Gefahr zu bewahren. Aber sie lassen sich an Ohren und Lefzen ziehen, sie halten als Kletterobjekte her, und man darf ihnen gar ein Stück Fleisch aus dem Fang zerren. Von einem Tag auf den andern ändert sich das. Nun wird der Welpe plötzlich zurechtgewiesen, wenn er solche Dinge tut. Das geschieht derart brutal, daß man meint, die Hündin habe das blitzschnell gepackte, geschüttelte und wieder weggeworfene Jungtier verletzt. Dem ist aber nicht so, Hunde verfügen im Fang über ein unerhört feines Tastgefühl, das ihnen erlaubt, so rasch, rabiat und gezielt einzugreifen. Im nächsten Augenblick verhalten sie sich, als wäre überhaupt nichts geschehen. Damit erreichen sie, daß der Welpe das Ereignis nicht auf das Elterntier bezieht, sondern mit jenem Vorgang in Zusammenhang bringt, den er eben ausgeübt hat. Er kriegt auf diese Weise nicht Angst vor

Die Gewöhnung an andere Heimtiere muß sogleich erfolgen.

seiner Mutter, nein, er beginnt das Objekt zu respektieren, mit dem er sich eben beschäftigte oder beschäftigen wollte.

Genauso wie die Hundemutter sollten auch wir vorgehen, wenn es beispielsweise darum geht, dem Hund etwas zu verleiden. Dann wird der Hund die unangenehme Einwirkung mit dem Objekt oder dem Vorgang, der ihm verleidet werden soll, in Verbindung bringen.

Tabus setzen

Im Haus und in der Wohnung muß dem Hund von Anfang an klar gemacht werden, was erwünscht ist und was nicht. Ein Hund fühlt sich nicht wohl und geborgen, wenn man aus falsch verstandener Tierliebe zu nachgiebig ist, er will geführt sein. Freilich gibt es auch Dinge, die man nicht von Anbeginn an erwarten und erzwingen sollte. Dazu gehört, wie wir gesehen haben, die sorgfältige Gewöhnung an die Stubenreinheit und an eine bestimmte Schlafstelle. Hingegen müssen wir bei Handlungen des Hundes, die nicht nur jetzt, sondern auch später unzumutbar sind, von Anfang an ein deutliches Tabu setzen.

Steckt der Welpe etwa die Nase in die Einkaufstasche und läßt die Besitzerin im gleichen Moment die zweite Tasche, die sie in Händen hält, auf den Frechdachs herunterplumpsen, so ist die Überraschung perfekt. Für den Welpen ergibt sich: Wenn ich die Nase in eine Tasche stecke, passiert etwas höchst Unangenehmes. Er wird das somit künftig auch dann bleiben lassen, wenn die Besitzerin nicht zugegen sein sollte. Bei älteren Hunden bedarf es allerdings für solche Korrekturen der Wiederholung, bis sie wirksam werden. Um so mehr empfiehlt es sich, Untugenden gar nicht erst aufkommen zu lassen.

Anders gehen wir vor, wenn wir dem Hund begreiflich machen wollen, welche Räume er nicht betreten darf. Dazu gehören normalerweise die weiteren Schlafzimmer, vor allem aber das Bad und die Küche. Hier schubsen wir ihn kräftig zurück, sobald er die Schwelle überqueren will. Hunde haben von Natur aus eine starke Beziehung zu geraden Linien wie Schwellen, Trottoirrändern, Pfaden im Gelände und ähnlichem mehr. Wo es in modernen Wohnungen keine Schwellen gibt, fällt es deshalb schwerer, den Hund vom Betreten eines Raumes abzuhalten. Doch können wir uns mit einem Stück Abdeckband behelfen, das wir vorübergehend anstelle einer Schwelle anbringen. So wird er auch hier bald gehemmt sein, einzudringen. Dies bedingt lediglich, daß wir ihn konsequent und nicht zu zimperlich zurückschubsen, wobei wir keinen Ton von uns geben. Der Hund versteht dann schneller und besser, was wir meinen. Grundsätzlich sollten wir ihm nämlich nie erklären wollen, was wir von ihm verlangen, sondern es ihn durch Einwirken fühlen lassen. Aus dem, was er dabei erlebt, lernt er leicht und rasch. Ganz verfehlt ist Schelten, was den Hund nur verunsichert und nie zum Verständnis führt. Nähert sich der Hund einer Stelle, die er nicht berühren oder anfassen darf, wirken wir ebenfalls massiv und wortlos mit einem Klaps auf ihn ein, wobei wir selber ganz gelassen bleiben. Wir können auch etwas neben ihm fallen lassen, was Lärm erzeugt.

Als Beispiel: Die Mutter stellt die Schüssel mit Blut- und Leberwürsten auf den Eßtisch und hebt den Pfannendeckel ab. Der heraus-strömende Dampf veranlaßt den Hund, an der Tischkante hochzustehen und die Nase dem verführerischen Geruch entgegenzustrecken. In diesem Augenblick läßt die Mutter den Pfannendeckel neben dem Hund zu Boden fallen, wo er scheppernd auftrifft. Der Hund erschrickt und springt zurück. In ihm verknüpft sich nun seine Handlung – an der Tischkante hochstehen – und der ihm entgegenströmende Duft mit dem Lärm, der ihn so erschreckt hat. Damit entsteht in ihm eine nachhaltige Hemmung, sich künftig der Tischkante zu nähern. Ein wirkungsvolles Tabu ist gesetzt. Es hält ihn auch dann von der Wiederholung der unerwünschten Handlung ab, wenn die Mutter einmal nicht in der Nähe ist.

Die spitzen Welpenzähnchen

Manche Welpen und Junghunde fassen gern und oft nach den Händen, Handgelenken und Ärmeln der Besitzer und ihrer Kinder. Das kann Schürfungen und Kratzer absetzen, was sehr unangenehm ist. Dieses mehr oder weniger sanfte Packen hat jedoch nichts mit Aggression oder Beißen zu tun. Es wäre falsch, dies anzunehmen. Doch muß man auch hier ein Tabu setzen und wissen, wie man das am besten tut.

Der Hund hat keine Hände
Vieles, was wir mit unseren Händen tun, macht der Hund mit dem Fang. Er hat ja keine Hände, und so trägt er eben alles, was er aufnimmt, zwischen seinen Zähnen. Doch auch für Zärtlichkeiten hat er nur seine Schnauze zur Verfügung. Ebenso dient ihm der Fang zum Drohen und Abwehren, wenn er belästigt oder angegriffen wird.

So wie er dann die Zähne bleckt, schnappt oder zubeißt, drohen, schubsen oder schlagen wir mit unseren Händen und Fäusten zu.

Das mehr oder weniger starke Fassen mit dem Fang im Sinne einer Kontaktaufnahme oder einer Liebkosung macht schon die Hündin mit den Welpen und betreiben die Welpen unter sich während ihrer Sozialisierungsphase sehr intensiv. Spielende erwachsene Tiere pflegen ebenfalls auf diese Weise ihre Zuneigung zu äußern.

Hat der Welpe die Intensität seines Zupackens an den Geschwistern geübt und dabei seine Beißhemmung nach dem jeweiligen Ergebnis beim Partner eingestellt – Stillhalten oder Aufjaulen des Gepackten sind dafür die Signale –, so nimmt er nun vertrauensvoll und liebenswürdig auch die Hände seines Besitzers und dessen Kinder in den Fang. Da nun Menschenhaut weniger widerstandsfähig als ein Hundefell ist, kommt es nicht selten zu leichten Verletzungen, wobei auch ein kleiner Blutstropfen hervorquillen mag. Dies besonders, weil Welpenzähnchen noch sehr scharf sind. Diesem Umstand tragen übrigens erwachsene Hunde Rechnung, wenn sie sich Welpen nähern, um mit ihnen zu spielen. Es fällt auf, mit welcher Umsicht sie ihre Nasen und Lefzen dem Bereich des Welpenfanges entziehen und lieber den gut geschützten Nacken hinhalten. Als Mensch könnte man dem Welpen den Ärmel anbieten, falls das betreffende Kleidungsstück robust genug ist. Feinere Gewebe oder gar Strickwolle können Schaden nehmen. Was also läßt sich tun?

Wie das Tabu gesetzt wird

Gerade beim Abgewöhnen des zärtlich gemeinten, aber zu stark dosierten Zupackens des Welpen, läßt sich einiges über die Technik des korrigierenden Einwirkens lernen.

Faßt uns ein Welpe an der Hand, ist erstes Gebot, ihm diese nicht zu entziehen. Dasselbe gilt auch bei erwachsenen Hunden, die zum Schnappen neigen. Reißen wir die gefaßte Hand zurück, packen junge wie ältere Hunde reflexartig fester zu. Belassen wir dagegen die Hand oder drücken sie in den Fang, kommt es weniger rasch zu Verletzungen. Und beim Zugreifen des Welpen im Sinne einer Liebkosung, die aber für uns zu hart erfolgt und schmerzt, geben wir am besten einen heftigen Schmerzlaut von uns (wie etwa »au!«). Das versteht der Welpe, weil dieser Laut dem seinerzeitigen Aufjaulen der Geschwisterwelpen entspricht, das sein Zupacken gebremst hat.

Falsch wäre es, dem kleinen Hund mit Worten sein Fehlverhalten zur Kenntnis bringen zu wollen, sei es in beruhigender Weise erklärend, sei es als aufgebrachtes Schelten. Beides kann das Tier nicht verstehen. Auch leichte Abwehr mit der freien Hand führt zu einem Mißverständnis, da der Hund dies als Spielaufforderung auffaßt, was ihn veranlassen könnte, noch stärker zu fassen. Genügt der Wehlaut nicht, korrigieren wir den zu fest seinen Fang schließenden Hund mit einem Klaps der andern Hand, und zwar sehr massiv, damit der Hund wirklich abgeschreckt wird. Man beobachte einmal jene Einwirkungen der Mutterhündin, wenn sie ihre Welpen zurechtweist. Sie erfolgen unerhört schnell, präzis und kräftig. Der Welpe verliert dadurch keineswegs das Vertrauen zur Mutter, denn er bezieht die Einwirkung gar nicht auf sie, sondern auf seine Handlung im Moment des Einwirkens. Genauso reagiert der Hund, wenn sein Besitzer im richtigen Augenblick gezielt und massiv einwirkt. Und das kann man in einem solchen Fall praktisch nur mit der Hand. Bleiben wir bei diesem Vorgehen innerlich gelassen, wird der kleine Hund nicht handscheu, wie es fälschlicherweise in manchen Hundebüchern behauptet wird. Auch hierin soll uns die Mutterhündin Vorbild sein: Sie korrigiert ihren Welpen mit dem Fang blitzschnell und hart, bleibt aber völlig unerregt und tut so, als wäre überhaupt nichts passiert. Auch wir sollten also wortlos und gelassen – niemals in strafender Aufwallung – sowie massiv und schnell einwirken, wonach wir uns völlig unbeteiligt geben. So wird die Korrektur ihre Wirkung nicht verfehlen.

Freiräume gewähren

Nun wollen wir dem jungen Hund bei der Erziehung ja nicht nur eine Menge Dinge verbieten. Er soll sich bei uns auch wohl fühlen und uns durch seine Munterkeit ergötzen. Damit sollten wir ihm auch genügend Gelegenheiten bieten, wo er sich frei bewegen und entfalten kann. Ideal dazu ist natürlich der Spaziergang in einem Gelände, wo man ihn gefahrlos sich selbst überlassen kann. Aber auch im Haus und im Garten sollte er sich zwanglos dort aufhalten dürfen, wo kein Schaden entstehen kann. Hier gibt man ihm auch Spielzeug und allenfalls Knochen. Das alles genügt aber nicht. Wir müssen uns auch reichlich Zeit nehmen, um mit ihm zu spielen und herumzutollen. Dabei vertiefen sich der gegenseitige Kontakt und das Vertrauen des Junghundes zu uns.

6. Der erste Spaziergang

Vom Verhalten der Besitzer hängt es ab, was ein Welpe dabei lernen kann

Hat sich ein vom Züchter übernommener Welpe nach einigen Tagen im Haus und im Garten gut eingewöhnt, ist es Zeit, an den ersten Spaziergang zu denken. Einzige Voraussetzung dafür ist, daß man ihn mit Halsband und Leine schon einigermaßen vertraut gemacht hat. Die meisten Züchter tun dies schon vor der Abgabe der Tiere an die Besitzer. Im übrigen darf der Welpe jetzt noch zerren. Das gewöhnen wir ihm erst später beim Aufnehmen der Grundübungen ab.

Mit Vorteil wählen wir ein Gelände aus, wo wir den Welpen, der nun an der Schwelle des Junghundealters steht, gefahrlos frei laufenlassen können. Wichtig ist, daß dort auch Begegnungen mit andern Hunden stattfinden.

Angst der Besitzer ist unangebracht

Wer jetzt Angst hat, daß seinem teuer bezahlten »Wertobjekt Boxer« etwas Schlimmes passieren könnte, macht einen gravierenden Fehler in der Erziehung. Hunde sind keine Killer. In der Regel packen sie bei Welpen oder Junghunden überhaupt nicht zu. Tun sie es dennoch, was aus verschiedenen Gründen auch einmal geschehen kann, fassen sie nur dosiert oder gehemmt. Den Hund, der einen kleineren Artgenossen grundlos packt und totschüttelt, gibt es nur in äußerst seltenen Fällen. Es handelt sich dann um ein von Menschen total verdorbenes Exemplar. Außerdem ist der Welpe dank seinen noch sehr spitzen Zähnchen gut geschützt. Erwachsene Hunde

Wenn später unser erwachsener Boxer kleinen Hunden begegnet, sollten wir sowenig Angst haben, wie wenn er im Welpenalter mit großen Hunden konfrontiert ist.

spüren dies und hüten sich davor, ihre Lefzen in die Nähe des spielerisch zupackenden Junghundes zu bringen.

Natürlich kann es auch einmal passieren, daß der Junghund unter die Pfoten eines älteren Hundes gerät. Das sollte man ohne Aufregung und Geschrei geschehen lassen. Und wenn danach unser Kleiner bei uns Schutz sucht, dürfen wir ihn nicht bemitleidend und beruhigend trösten wollen mit Streicheln und mit Worten. Noch schlimmer wäre, ihn auf den Arm zu nehmen. Reagieren wir nämlich so, nehmen wir unserem Hund die Möglichkeit, aus dem Vorfall zu lernen. Er muß merken, daß ab und zu auch auf dem Spaziergang das geschehen kann, was er längst aus den Tagen im Wurfzwinger kennt, wo er von seinen Geschwistern und der Mutter hin und wieder überrumpelt wurde. Damit wird er solche Ereignisse bald gelassen hinnehmen. Dies selbst dann, wenn er im Moment der etwas rauhen Konfrontation aufjault, was ja zum Repertoire des Verhaltens eines Welpen gehört.

Ohne Risiko geht es nicht

Wer also beim Ausführen seines Welpen absolut nichts riskieren will, sollte sich besser keinen Hund halten. Nicht nur, weil es sinnlos und unnötig ist, sich für seinen Hund zu ängstigen, sondern weil man ihm damit ein natürliches Verhalten gegenüber begegnenden Artgenossen zunehmend erschwert. Das führt dann dazu, daß der übermäßig behütete Hund als erwachsenes Tier mißtrauisch und aggressiv wird. Je nach seiner Grundanlage und der gegebenen Situation, wird er dann scheu ausweichend oder aber aggressiv attackierend

reagieren. Beides ist für den Halter sehr unangenehm. Denn das scheue Ausweichen reizt manche andere Hunde zum Angriff.

Das hier in bezug auf den Junghund Gesagte gilt genauso für den Besitzer eines erwachsenen Hundes. Als kurz gefaßte Anleitung zum Verhalten des Besitzers bei Begegnungen mit andern Hunden läßt sich sagen: Man halte sich zurück und beeinflusse den Hund in keiner Weise. Am besten entfernt man sich etwas und beobachtet sein Benehmen. Nach der Begegnung – wie immer sie ausgefallen sein mag – enthalte man sich ebenfalls jeder Einwirkung, sei sie lobend oder tadelnd gemeint. So lernt der Hund schnell, was er bei Begegnungen zu tun hat, damit er ungeschoren bleibt.

In Bewegung bleiben

Hat man mit dem Welpen das Gelände erreicht und ihn an der Leine soweit hineingeführt, daß eine Gefährdung durch den Verkehr

Boxer verschiedenen Alters beim freien Spiel.

nicht mehr zu befürchten ist, leint man ihn während dem Gehen ab. Von allem Anfang an sollte man nun auch in Bewegung bleiben und ständig weitergehen. Das veranlaßt den Hund, uns nachzufolgen. Mit Herbeirufen sollten wir uns zurückhalten. Bleibt er etwas zurück, rufen wir nur einmal, klatschen wenn nötig zwei-, dreimal in die Hände, und gehen seitlich ins Gelände. So kann uns der Hund gut sehen und erkennen. Es ist nämlich unsere persönliche Bewegungsart, die ihm sagt, daß dies »seine Leute« sind. Er wird uns dann meistens auch folgen. Ist er bei uns angekommen, halten wir kurz an, um ihn herzlich zu loben, gehen aber danach gleich weiter.

Halten wir uns an die Empfehlung, stets nur einmal unseren Ruf ertönen zu lassen und auf die beschriebene Weise weiterzugehen, erhalten wir in Kürze einen Hund, der immer beobachtet, wo wir sind, und uns auch ständig nachläuft. Im andern Fall, wenn wir mehrfach rufen, dabei länger stehen bleiben und am Ende den Hund noch abholen, geschieht folgendes: Die mehrfachen Rufe empfindet der Hund nicht als Aufforderung zum Herbeikommen, sondern als Mitteilung, daß wir in der Nähe sind. Es drängt ihn dann nichts, uns nachzufolgen. So wird sich der Hund daran gewöhnen, daß er uns nicht verliert, wenn er nicht kommt. Er beobachtet deshalb nicht mehr, wo wir uns befinden, da er aus Erfahrung weiß, daß wir ihm nicht verloren gehen. Genauso wird er sich später als erwachsenes Tier verhalten, und das ist für den Besitzer sehr unangenehm.

Natürlich bleiben wir auch ab und zu stehen und holen den Hund ab, ohne jedoch zuvor zu rufen. Dann nämlich, wenn er so stark abgelenkt ist, daß er unser Rufen als junges Tier gar nicht mehr wahrnehmen kann. So etwa, wenn er mit anderen Hunden zu spielen beginnt. Oder wenn ein Geruch ihn so fesselt, daß alles andere keine Bedeutung mehr hat für ihn. Das ist zum Beispiel der Fall, wenn er ein Mauseloch entdeckt hat.

Mit dem hier beschriebenen Verhalten vertiefen wir die Beziehung des jungen Hundes zu uns. Und wir leisten Vorarbeit für das spätere gezielte Abrufen, das uns unter dieser Voraussetzung rasch und leicht gelingen wird.

7. Die Grunderziehung

Für den Boxer, der aus dem Welpenzwinger zu uns gekommen ist, wirkt alles, was er nun vorfindet, neu, und es beeindruckt ihn stark. Wie oben dargelegt wurde, beschränkt man sich deshalb am besten darauf, die nötigen Tabus zu setzen. Wann aber sollen wir — darüber hinausgehend — mit der eigentlichen Erziehung beginnen? Grundsätzlich dann, wenn sich zwischen uns und dem jungen Tier eine genügend starke Bindung ergeben hat. Ein Anhaltspunkt dafür ist, wenn der kleine Hund uns beim Spazieren aus eigenem Antrieb gut nachfolgt. Natürlich wird er bei Ablenkungen wie spielenden Hunden, verlockenden Gerüchen oder andersartigen Tieren noch zurückbleiben oder vorprellen. Dort aber, wo nichts Derartiges ihn reizt, und er sich immer wieder uns anschließt, ohne daß wir ihn gerufen haben, ist dies ein untrügliches Zeichen, daß sich seine Beziehung zu uns gefestigt hat. Jetzt können wir mit der grundlegenden Erziehung beginnen, ohne ihn zu überfordern. Dazu gehört vor allem das Herbeirufen. Damit sollten wir aber nicht beginnen, weil sowohl uns als auch dem Hund noch einige Vorkenntnisse fehlen. Um diese zu erwerben, fangen wir mit den einfacheren Übungen an, wie sie im folgenden beschrieben werden. Es geht für uns darum, zu lernen, wie man sich mit dem Hund verständigen kann. So erhalten wir Einblick in die Art des hundlichen Lernens und erkennen das im Vergleich zum Menschen — auch zum Kind — begrenzte Auffassungsvermögen des Hundes.

Die vier Grundübungen

1. Gehen und Wenden

Wir wählen dazu einen Weg, noch besser einen Waldweg. Dort bewegen wir uns mit dem angeleinten Hund zügig ausschreitend. Üben wir auf freiem Feld, gehen wir auf markante Zielpunkte zu, damit wir uns geradlinig fortbewegen. Das ist wichtig, weil dadurch das Raumgefühl des Hundes angesprochen wird. Die Wendung erfolgt stets rechtsumkehrt.

Die Leine wird am äußersten Ende mit der rechten Hand gehalten, der Hund befindet sich an unserer linken Seite. So wird er bei der Wendung mitgenommen. Diese erfolgt jeweils nach etwa 15 bis 20 Metern und wird mehrmals wiederholt. Bei diesem Hin- und Hergehen bleiben wir stumm, damit sich der Hund an unserer Bewegungsweise orientiert und uns bald von selbst nachfolgt. Nach einigen Wendungen wird der Hund merklich aufmerksamer und gefügiger an unserer Seite gehen. Jetzt brechen wir die Übung ab und loben den Hund.

Jede weitere Grundübung wird mit dem Gehen und Wenden eingeleitet.

2. Gehen, Anhalten und Setzen

Geht der Hund im Laufe der ersten Übung gut an unserer Seite, wobei die Leine locker durchhängt, leiten wir diese zweite Übung ein, indem wir die Leine mit der linken Hand senkrecht anheben und danach den Schritt verlangsamen bis zum Stillstand.

Da der Hund im Halsband etwas angehoben wurde, setzt er sich oft selbst. Tut er es nicht, bleibt die Leine straff gespannt und wird von der rechten Hand übernommen. Mit der linken Hand wird nun die Kruppe des Hundes angetippt, bis er sich setzt. Hat sich der Hund gesetzt, richten wir uns auf und warten entspannt etwa zwei Sekunden, bevor wir gedehnt »Siiiitz« sagen und dabei die Leine sachte senken. Nach einer weiteren Pause, die wir entspannt neben dem Hund stehend verbringen, loben wir den Hund kurz. Hebt er dabei ab, sagen wir in ruhigem Ton »Nein«, wobei wir den Hund erneut wie oben beschrieben zum Sitzen bringen.

Nun wird wiederum eine Pause eingelegt, bevor wir nach einem ruhig gesprochenen »Komm« uns mit dem Hund in Bewegung setzen. Oder wir leinen ihn ab, richten uns auf, warten zwei Sekunden und ermuntern dann den Hund zum Freilaufen. Dabei wird man noch unerfahrene Hunde nach dem Lösen der Leine anfangs noch am Halsband festhalten.

Schräges sich Hinsetzen des Hundes korrigiert man erst, wenn sich der Hund schon etwas an die Übung gewöhnt hat. Die Leine bleibt dann ebenfalls straff angehoben und wird von der rechten Hand übernommen. Mit der linken Hand schieben wir den Hund an unsere Seite, richten uns auf und legen die obligate Pause ein, bevor wir die Übung zu Ende führen.

Sobald der Hund nach dem Gehen und Anhalten sicher zu sitzen pflegt, gehen wir zur dritten Grundübung, dem Bleiben, über. Anhalten und Setzen können oft geübt werden, am wirksamsten ist dies bei der Anwendung in der Alltagspraxis. So bei einem Straßenübergang oder zu Beginn und am Ende einer Treppe. Die Anwendungsmöglichkeiten werden später beschrieben.

Nächste Doppelseite:

1 *Beim Gehen wird die Leine angehoben und der Schritt bis zum Stillstand verlangsamt.*

2 *Setzt sich der Hund nicht von selbst, übernimmt man die Leine mit der rechten Hand und tippt mit den Fingern der linken Hand die Kruppe des Hundes an.*

3 *Erst jetzt wird die Leine langsam gesenkt und das Halsband entlastet, wobei man gedehnt und freundlich das Hörzeichen »Siiiitz« gibt.*

4 *Schalten wir nun eine Pause von mindestens zwei Sekunden ein, wobei wir entspannt neben dem Hund verweilen, merkt er rasch, wofür er danach gelobt wird, und er lernt so überraschend schnell.*

5 *Das Lob erfolgt kurz und herzlich.*

6 *Mit einer weiteren Pause wird die Übung »Gehen, Anhalten und Setzen« beendet. Danach spricht man »Komm« und geht weiter.*

7 *Man hat mit der Übung »Gehen, Anhalten und Setzen« begonnen, und hält nun die geschlossene Handfläche vor den Kopf des Hundes, wobei man ruhig »Bleib« sagt. Sogleich wird die Hand wieder zurückgenommen.*

8 *Damit der Hund rasch lernt, braucht er Zeit. Deshalb verweilen wir etwa 2 Sekunden entspannt neben ihm.*

9 *Nun treten wir entschlossen (nicht zögernd) vor den Hund. Folgt er uns, hört er unser ruhiges »Nein«, wonach die Übung von vorn neu begonnen wird.*

10 *Die Wartephase kann später nach Belieben ausgedehnt werden, sollte jedoch zu Anfang nicht mehr als 10 Sekunden betragen. Wichtig ist, daß wir dabei entspannt und bewegungslos verweilen und den Hund nicht anschauen.*

11 *Nach diesem erneut ruhig und verbunden mit dem Sichtzeichen (flache Hand) gesprochenen »Bleib«, treten wir zum Hund zurück, nicht ohne nach dem Zeichen eine Pause gemacht zu haben.*

12 *Vor und nach dem kurzen Lob, schalten wir wiederum jene 2 Sekunden dauernde Pause ein, die es dem Hund ermöglicht, sehr rasch zu merken, was von ihm verlangt wird.*

7

8

9

10

11

12

3. Bleiben

Mit der zweiten Grundübung haben wir den Hund neben uns zum Sitzen gebracht. Dies ist die Ausgangsposition.

Nach einer Pause halten wir dem Hund unsere linke Handfläche vor den Kopf und sagen gleichzeitig ruhig (nicht im Befehlston) »Bleib«. Sogleich nehmen wir die Hand wieder weg und warten aufgerichtet und entspannt zwei Sekunden.

Danach treten wir entschlossen vor den Hund. Bleibt er nicht sitzen, sagen wir ruhig »Nein«, bringen den Hund wieder gemäß der zweiten Grundübung zum Sitzen, wobei wir an derselben Stelle stehen wie zu Anfang. Danach beginnen wir die Bleibübung von vorn.

Bleibt der Hund jedoch sitzen, nachdem wir vor ihn getreten sind, warten wir entspannt, wobei wir zuerst nur wenige Sekunden verweilen, später aber länger. Es ist dies die Wartephase, auf die es am Ende ankommt. Wir blicken in dieser Position den Hund nicht an. Wenn er sich hinlegt, reagieren wir nicht. Während den Grundübungen wird überhaupt kein Unterschied zwischen dem Sitzen und Liegen des Hundes gemacht, er muß nur bleiben.

Sollte der Hund jedoch während der Wartephase abheben und zu uns kommen oder auch nur stehenbleiben, gehen wir in die Ausgangsposition zurück und beginnen die Arbeit ganz von vorn. Grundsätzlich soll der Hund nie während der Bleibübung korrigiert werden, es wird bei jedem Fehler neu damit begonnen. Damit fügen sich für den Hund die einzelnen Handlungsteile zu einem Ganzen zusammen, das ihm fast zum Ritual wird. Dadurch erlangt er eine große Sicherheit in der Durchführung.

Bevor wir nun zum Hund zurücktreten, halten wir ihm die Handfläche erneut vor den Kopf und sagen gleichzeitig, aber nur solange die Hand vorn bleibt, »Bleib«. Nach der obligaten Pause von zwei Sekunden treten wir dann zu ihm zurück, bleiben jedoch noch aufgerichtet und entspannt stehen. Erst danach wird der Hund kurz mit »Brav Bleib« gelobt. Es ist sehr wichtig, daß nun wiederum eine Pause erfolgt, weil sonst der Hund das Lob sehr rasch als das Zeichen auffaßt, daß die Arbeit beendet sei und er sich frei bewegen dürfe.

Der Hund hat also nach dem Lob am Ende der Bleibübung noch eine Weile neben uns zu sitzen, bevor wir ihn dann entweder zum Mitkommen oder zum Freilaufen ermuntern, dies genauso, wie es am Ende der zweiten Grundübung beschrieben ist.

Bemerkungen

Bei der Bleibübung lernt nicht nur der Hund, sondern ebenso sein Besitzer, was eigentlich der Begriff Konsequenz bedeutet. Beide haben sich nämlich an eine sich stets gleich bleibende Handlungsfolge zu halten. Dieses miteinander Lernen fördert die gegenseitige Verständigung zwischen Meister und Hund in überraschender Weise. Aber es belastet den Hund stark, weshalb die Bleibübung zu Anfang nie länger als fünf Minuten dauern sollte.

Es gibt Hunde, die sehr schnell merken, was hier von ihnen verlangt wird, aber auch solche, die mehrmals unerwünscht reagieren, indem sie beim Vortreten des Besitzers mitgehen. Das darf nun den Besitzer nicht aus der Ruhe bringen und ärgerlich oder gar böse stimmen. Damit würde er den Hund nur verwirren und vom Lernprozeß ablenken. Sein Vorgehen wie seine Stimmung sollen sich stets gleich bleiben, auch wenn es zu Anfang einiger Wiederholungen bedarf, bis der Hund gemerkt hat, was man von ihm verlangt, und es nun auch mit großer Sicherheit ausführt.

Am besten faßt der Besitzer die Bleibübung als Entspannungsübung für sich selbst auf. Dann wird er sich über die Fehler des Hundes nicht ärgern, sondern in aller Ruhe das Hörzeichen »Nein« sprechen und die Übung von vorn beginnen. Wie die Erfahrung immer wieder zeigt, erlangt der Besitzer durch dieses, sein konsequentes Verhalten zunehmend Einfluß auf den Hund. Im Hund dagegen wächst das Vertrauen zum Chef. Selbst sehr temperamentvolle Hunde sind auf diese Weise unter Kontrolle zu bringen. Voraussetzung bleibt freilich, daß die Grundübungen mit ihren Pausen und Handlungsteilen exakt durchgeführt werden.

Bei der Erziehung und Ausbildung eines Hundes geht es eben nicht darum, möglichst viel und rasch zu lernen. Im Gegenteil, der Erfolg tritt dann bald ein, wenn wenig verlangt aber exakt geübt wird. Der Hund braucht Zeit, um rasch zu lernen.

4. Das Herbeikommen

Das Gelingen dieser Übung hängt ebenfalls vom konzentrierten und stets gleichförmig bleibenden Vorgehen des Besitzers ab. Wer hier flüchtig arbeitet, sollte es lieber bleiben lassen. Bemüht man sich jedoch, genau zu sein, bleibt der Erfolg nicht aus. Hat der Besitzer gelernt, wie er sich verhalten muß, damit der Hund merkt, was von ihm verlangt wird, wird dieser sich bald einmal sicher herbeirufen lassen.

Wir arbeiten mit einer Hilfsperson, die dem Hund nicht allzu vertraut sein sollte. Am besten suchen wir uns eine Stelle aus, die kana-lisierend wirkt, also einen Waldweg oder ein Sträßchen zwischen Böschungen. Der Ort sollte wenig Ablenkung bieten und nicht stark begangen sein.

Die Hilfsperson hält den Hund zurück, während wir uns wortlos auf etwa 20 bis 30 Meter entfernen. Die Leine führen wir umgehängt oder in der Tasche mit. Wir halten an und wenden uns in Richtung Hund um. Bewegungslos stehenbleibend zählen wir langsam auf zwanzig. Auf unser stets nur einmal zu gebendes »Komm« gibt die Hilfsperson den Hund frei. Er eilt auf uns zu. Bis jetzt sind wir bewegungslos stehen geblieben, auch als wir gerufen haben, und das tun wir weiterhin. Dies selbst dann, wenn der Hund an uns vorbeirennt.

In den meisten Fällen wendet sich der Hund uns wieder zu. Ist er in greifbarer Nähe, erfassen wir ihn am Halsband, heben es an und bringen den Hund wie bei der Grundübung 2 (Setzen) an unserer linken Seite in Sitzstellung. Danach senken wir das angehobene Halsband unter dem Hörzeichen »Siiiitz«. Es ist dies das erste Wort, das er von uns hört.

Danach richten wir uns auf und bleiben entspannt neben dem Hund stehen. Hebt er ab, bringen wir ihn wie zuvor zum Sitzen. Erst nach dieser sehr wichtigen Pause loben wir den Hund mit »Brav Komm«, worauf wir uns wiederum aufrichten. Der Hund wird somit nicht für das Herbeikommen, sondern für das ruhig neben uns Sitzenbleiben gelobt. Diese Position wird für ihn zu einer erwünschten Endstellung, die er beim Ertönen des Rufes bald einmal gerne und sicher einnehmen wird.

Nach einer weiteren Pause leinen wir den Hund an. Auch dabei hat er sitzen zu bleiben. Tut er es nicht, korrigieren wir ihn wie zuvor.

Wortlos hat sich die Besitzerin entfernt und sich in einer Distanz von 20 bis 30 m aufgestellt. Jetzt zählt sie langsam auf 20, wonach sie den Hund klar und kurz, aber nur einmal, ruft.

Ist er nahe genug, wird er herbeigenommen und genau wie bei der Übung »Gehen, Anhalten und Setzen« zum Sitzen in der Endposition gebracht.

Der Hund läuft interessiert zur bewegungslos und entspannt verweilenden Besitzerin.

Man schaltet nochmals eine Pause von mindestens 2 Sekunden ein, bevor man den Hund kurz lobt, wobei er nicht aufstehen darf. Bleibt er sitzen, ist die Abrufübung beendet.

Erst nach einer weiteren Pause ermuntern wir den Hund mit »Komm« zum Weitergehen. Wir können ihn aber auch ableinen und erst nach einer nochmaligen Pause zum Freilaufen auffordern.

Anwendung der Grundübungen in der Praxis

Beim Gewöhnen des Boxers an die Grundübungen werden wir uns eine Stelle im Garten oder im Spaziergelände aussuchen, wo wir möglichst ungestört sind. Später jedoch wenden wir das Gelernte in der Praxis an. Damit erübrigt sich bald das rein technische Üben. Der Alltag bietet so viele Gelegenheiten zur Anwendung, man muß sie nur erkennen und wahrnehmen. Sobald das Anhalten und Setzen nur einigermaßen sitzt, schalten wir es vor dem Passieren von Türen und Toren ein, ebenso am Randstein, bevor wir eine Straße überqueren. Beim Kapitel über den Umgang mit dem Hund im Stadtverkehr werden wir näher darauf eingehen. Dort ist dann auch das Bleiben ein wichtiger Bestandteil. Doch auch beim täglichen Spaziergang läßt sich die Bleibübung mühelos einfügen und erweitern. Es bieten sich dabei viele Variationen an.

Die Grundübungen sollten wir wo immer möglich auch in der Alltagspraxis anwenden, so die Bleibübung beim Besteigen und Verlassen des Wagens. Der Hund bleibt sitzen...

...während wir den Wagen öffnen.

Auf unser Hörzeichen »Geh hinein«, das wir ihm erst nach dem Öffnen der Tür geben...

...besteigt der Hund das Fahrzeug.

Diese sollten aber erst dann angefügt werden, wenn die Bleibübung in ihrer Grundform von Hund und Meister sicher ausgeführt wird. Danach kann man zum Beispiel vor dem Hund stehend die Leine auf den Boden legen, nach einer Pause wieder aufnehmen und zurücktreten. Oder man begibt sich nach dem Ablegen der Leine weg vom Hund, zuerst nur einige Schritte, später mehr. Und noch später kann man sich auf Distanz auf eine Bank setzen und den Hund längere Zeit warten lassen, wobei man ihn übrigens nie mit den Augen fixieren sollte. Bei alledem geben wir jedoch vor jeder unserer Handlungen das Hör- und Sichtzeichen (Handfläche) »Bleib«, auch beispielsweise bevor wir uns auf die Bank setzen, und bevor wir wieder aufstehen oder uns in Bewegung setzen. Ebenfalls die in der Grundübung enthaltenen Pausen werden jetzt eingelegt, und zwar wie folgt:

– Nach jedem Hör- und Sichtzeichen, bevor wir die damit angezeigte eigene Aktion durchführen.
– Vor jedem Lob, nachdem der Hund eine von ihm verlangte Handlung in erwünschter Weise vollzogen hat.
– Nach jedem die erwünschte Handlung des Hundes bestätigenden Lob, bevor weitergearbeitet wird.

Beim Aufbau der Grundübungen wie bei deren Anwendung in der Alltagspraxis ist Exaktheit unerläßlich. Nur dann ist der Hund in der Lage, in kurzer Zeit zu merken, was wir von ihm verlangen. Da das oben genau beschriebene Vorgehen bei diesen Übungen dem Auffassungsvermögen des Hundes entgegenkommt, dürfen wir bei konsequenter und konzentrierter Durchführung damit rechnen, unseren Boxer bald gut unter Kontrolle halten zu können. Besonders wichtig ist dies im Stadtverkehr. Deshalb gehen wir im nächsten Kapitel näher darauf ein.

8. Der Boxer im Stadtverkehr

Nicht jeder Leser wird seinen Hund nach der in diesem Buch empfohlenen Methodik erzogen haben. Doch ob man dies auf andere Weise getan hat oder nicht – immer sollte man das Gelernte auch in der Praxis des täglichen Geschehens anwenden. Es schadet auch nicht, wenn wir jetzt dazu den Hund auf die hier dargelegten Vorgänge umschulen. Im Gegenteil, denn bei der Erziehung wie bei der Ausbildung eines Hundes liegt in jedem Neubeginn eine große Chance. Der Hund ist dann sehr aufmerksam und aufnahmefähig, er lernt schnell und nachhaltig.

In jedem Fall ist die Anwendung der sogenannten Gehorsamsübungen in der Praxis geboten. Denn ein Hund, der auf dem Übungsplatz zwar schön sitzt, Platz macht und bei Fuß geht, tut dies nicht ohne weiteres in einer veränderten Umweltsituation. So auch nicht im Lärm des Straßenverkehrs. Daran muß er zusätzlich gewöhnt werden. Denn die äußeren Umstände sind stets mitbestimmend für sein Verhalten.

Besonders junge oder sehr temperamentvolle Hunde lassen sich leicht ablenken. Sie sind dann oft schwer ansprechbar und damit wenig lenkbar. Sie dann einfach an der Leine zurückzuhalten oder mitzuzerren, ist wenig sinnvoll. Besser man nimmt sich Zeit, sie zum Durchführen der erlernten Grundübungen auch jetzt anzuhalten. Es lohnt sich, denn so erreichen wir selbst im lärmigsten Verkehr einen gehorsamen Hund. Damit ist eine optimale Verkehrssicherheit gegeben.

Wie man die erlernten Grundübungen anwenden kann, zeigen wir anhand der folgenden Beispiele.

Das Sitzenbleiben vor Tür und Tor

Wer seinem Hund das Sitzen mit der üblichen Befehlsmethode beigebracht hat, tut gut daran, in einer das Tier ablenkenden Situation etwas anders vorzugehen. Denn sonst ist er gezwungen, den Befehl sehr laut zu geben und ihn mehrfach zu wiederholen. Hinzu kommt, daß ja oft Passanten sein Vorgehen beobachten. Das führt bei der leider immer noch angewandten Befehlsmethode in Anwesenheit anderer Leute dazu, daß man nur halbherzig arbeitet, oder es lieber gleich bleiben läßt und den Hund mit der Leine dirigiert. Bei der Ausbildung über die Verständigung mit dem Hund, wie wir sie empfehlen und hier anführen, geschieht dies nicht. Es geht damit alles ruhig zu, laute und wiederholte Befehle gibt es nicht. Man bleibt mit seinem Hund sozusagen gesellschaftsfähig.

Lernschritt 1
Verlassen wir mit dem angeleinten Hund unseren Wohnbereich, bringen wir ihn vor dem geschlossenen Gartentor – es kann auch die geschlossene Haustüre sein – sanft, aber bestimmt zum Sitzen. Dazu heben wir das Halsband deutlich an und belasten mit leichtem Fingerdruck die Kruppe des Tieres. Erst wenn der Hund sitzt, bekräftigen wir mit dem ge-

Sicherheit auf der Straße beginnt damit, daß wir den Hund vor dem Öffnen des Gartentors, oder der Haustür, sich setzen lassen. Dabei wenden wir die entsprechende Grundübung genau an.

Nachdem er zum Sitzen veranlaßt worden ist, betritt der Hund nicht mehr stürmisch, sondern ruhig den Straßenbereich.

dehnt und lobend gesprochenen Hörzeichen »Siiiitz« sein Tun. Gleichzeitig lassen wir die Leine wieder locker. Nach einer nicht zu kurzen Pause öffnen wir das Gartentor beziehungsweise die Haustür. Erhebt sich jetzt der Hund, sprechen wir ein ruhiges »Nein«, schließen das Tor oder die Tür und bringen den Hund erneut wie zuvor zum Sitzen. Diesen Vorgang wiederholen wir, bis der Hund beim Öffnen sicher sitzenbleibt.

Fehler: Gehen wir nicht exakt und mit großer Gelassenheit vor, dazu mit aller Konsequenz, bleibt die Übung wirkungslos. Überlegen wir uns also zuerst, ob wir heute wirklich genügend Zeit und Geduld aufbringen. Ist dies nicht der Fall, nehmen wir die Übung besser gar nicht in Angriff. Jede Erregung und Ungeduld wäre falsch.

Tip: Fassen wir diese und jede andere Übung mit dem Hund als Entspannungsübung

für uns selbst auf, erreichen wir das angestrebte Ziel schneller und sicherer. Unser absolut ruhiges (weil entspanntes) Verhalten überträgt sich nämlich auf den in dieser Beziehung sensibel reagierenden Hund. Er wird damit stärker beeinflußt, als mit schimpfen und drohen.

Lernschritt 2

Nun treten wir nach einem freundlichen »Komm« mit dem Hund vor das Tor oder die Tür und bringen ihn hier ein zweites Mal zum Sitzen wie oben beschrieben wurde. Danach schließen wir das Tor oder die Tür. Auch jetzt achten wir darauf, daß der Hund in Sitzstellung verbleibt. Tut er das nicht, reagieren wir genau wie zuvor. Das heißt: Wir öffnen Tür oder Tor erneut und beginnen wieder mit dem Setzen des Hundes an unserer Seite.

Fehler: Ein herzliches Lob erhält der Hund

nicht irgendwann, sondern erst dann, wenn die Übung erfolgreich beendet ist. Und beim Lob darf der Hund nicht die Sitzstellung verlassen, sonst müssen wir die Übung – ganz von vorn beginnend – wiederholen. Nach dem Lob dürfen wir nicht einfach weitergehen, sondern wir richten uns auf, machen eine Pause, sprechen freundlich »Komm« und setzen uns daraufhin in Bewegung.

Tip: Auch ein Hund, der zuerst willig reagiert hat auf unser Vorgehen, kann sich plötzlich zu sträuben beginnen. Das ist ein wichtiger und begrüßenswerter Augenblick. Denn nun bietet sich die Gelegenheit, uns in aller Ruhe bei dem Hund durchzusetzen. Das geschieht durch unentwegtes und exaktes Wiederholen der Übung. Dabei stellen wir uns innerlich mit Vorteil auf eine fünffache Wiederholung ein. Das hilft uns, unter allen Umständen gelassen zu bleiben. Der Erfolg wird sich in der Regel früher einstellen.

Ist dieses Vorgehen zu kompliziert?

Sollten dem Leser die oben beschriebenen Vorgänge zu kompliziert und aufwendig erscheinen, möge er bedenken, daß es sich um angewandte Übungen handelt, die unter erschwerten Bedingungen durchgeführt werden. Sie bringen den Hund dort unter seine Kontrolle, wo dies im Alltag unbedingt erforderlich ist. Daß dies nützlicher und wirkungsvoller ist, als wenn wir es bei Gehorsamsübungen auf dem grünen Rasen belassen, wurde bereits gesagt.

Die Erfahrung zeigt übrigens, daß in jedem Falle, wo man sich die Mühe nimmt, beim Verlassen des Hauses oder des Gartens derart minutiös vorzugehen, mehr als das direkt angestrebte Ziel erreicht wird. Es bildet sich

dabei nämlich fast mühelos eine bessere Verständigung zwischen dem Besitzer und seinem Hund. Das ist dann unschwer am sicheren Umgang des Meisters mit seinem vierbeinigen Hausgenossen und dessen Ansprechbarkeit und Folgsamkeit zu erkennen. Zudem gewöhnt sich dabei der Hund daran, weder Türen noch Tore im Schnellgang zu passieren.

Das Überqueren einer Fahrbahn

Lernschritt 1

Wir bringen den Hund am Trottoirrand zum Sitzen, genau gleich, wie wir das vor dem Gartentor gemacht haben. Danach warten wir aufgerichtet und entspannt einige Sekunden. Bleibt der Hund sitzen, beginnen wir nach einem freundlich gesprochenen »Komm« die Straße zu überqueren. Bleibt der Hund nicht in Sitzstellung, bringen wir ihn nach dem ruhig zu sprechenden »Nein« erneut zum Sitzen.

Fehler: Auch hier wirkt sich jede Unsicherheit im Vorgehen negativ aus. Das bedeutet: Der Hund kann nur dann merken, was wir von ihm erwarten, wenn wir konzentriert und stets in gleicher Weise handeln. Unüberlegtes, hastiges Durchführen ist somit falsch. Man sollte nie etwas »noch schnell« mit seinem Hund tun wollen, nur damit es erledigt ist.

Tip: Fühlen wir uns nicht in Stimmung, um ruhig und genau vorgehen zu können, oder ist die Situation dazu ungünstig (zum Beispiel wenn viele Personen nachdrängen), lassen wir die Übung besser bleiben. Wir führen den Hund ganz einfach an der Leine über die Straße und verlangen nichts weiter von ihm. Das ist nicht schlimm, denn jeder Hund kann verschiedene Einflußbereiche unterscheiden.

Hinsetzen am Randstein vor dem Überschreiten der Fahrbahn – auch dies eine Anwendung der Grundübungen.

Ruhig folgen die Boxer den Besitzern über den Zebrastreifen, wenn sie zuvor unter Kontrolle gebracht worden sind.

So wird er dennoch ansprechbar für späteres exaktes Vorgehen bleiben. Und mit der Zeit wird er von sich aus vor dem Passieren eines Verkehrsweges absitzen.

Lernschritt 2
Drängt sich der Hund beim Überqueren der Straße ins Halsband, nehmen wir ihn massiv zurück und geben die Leine unverzüglich wieder frei, so daß sie locker durchhängt. Dabei

verändern wir unser Schrittempo nicht. Auch wirken wir nicht zusätzlich mit Worten auf den Hund ein.

Fehler: Leinenführigkeit sollte man beim Junghund nicht mit dem Beifußgehen erreichen wollen. Das Gehen exakt am linken Knie des Führers ist eine hundesportliche Übung, die der entsprechenden Ausbildung vorzubehalten ist.

Tip: Es lohnt sich, den Hund anfangs nur an das Mitgehen bei locker durchhängender Leine zu gewöhnen, ohne dabei mit Hörzeichen wie »Fuß!« auf ihn einzuwirken. Dies ist mit Gehen und mehrfachem Wenden auf einer geraden Linie recht bald anzugewöhnen. Für die alltägliche Praxis genügt das vollauf.

Lernschritt 3
Auf dem gegenüberliegenden Trottoir angelangt, bringen wir den Hund erneut in Sitzstellung, ohne zuvor unsere Gehrichtung zu verändern. Der Hund sitzt also mit dem Rücken zur Straße. Nach einer Pause, wobei man wenn möglich eines oder mehrere Fahrzeuge passieren läßt, gehen wir nach einem freundlich gesprochenen »Komm« weiter.

Fehler: Besonders fehlerhaft ist bei dieser angewandten Übung ein innerer Widerstand des Besitzers gegen das empfohlene Vorgehen. Handeln wir nämlich halbherzig, merkt das der Hund sofort, und er entzieht sich dann unserem Einfluß. Deshalb sei hier die Begründung dafür gegeben, warum man nach dem Überqueren der Fahrbahn den Hund nochmals zum Sitzen bringt. Dadurch ergibt sich beim Hund eine deutlich wahrnehmbare Fixierung auf diesen Punkt jenseits der Straße. Er stellt sich zunehmend darauf ein, überquert geradlinig und bleibt gut unter Kontrolle.

Tip: Mit temperamentvollen Hunden empfiehlt es sich ganz besonders, dieses Vorgehen auch bei Treppen anzuwenden. Danach ist der Hund oben an der Treppe und, zum zweitenmal, am Treppenfuß in Sitzstellung zu bringen. Damit setzen wir die Gefahr herab, vom Hund beim Begehen der Treppe umgerissen zu werden, was schon oft zu Unfällen geführt hat.

Daß sich auch ein Boxer im Stadtverkehr zuweilen ängstigt, ist normal. Wenn wir aber nicht darauf eingehen, sondern seine Zurückhaltung ignorieren, gewöhnt sich das Tier bald an solche Situtationen.

Mit dem schreckhaften Hund im Stadtverkehr

Zeigt ein junger Hund beim Herannahen von Fahrzeugen deutlich Angst, sollte man ihn nicht mit Tätscheln und Worten beruhigen wollen. Der Hund empfindet dies als Lob für sein Fehlverhalten, das sich damit in der Folge zunehmend verstärkt. Besser tun wir so, als bemerkten wir seine Verunsicherung gar nicht. Erst wenn er sich beruhigt hat, wird er herzlich gelobt.

Es ist in jedem Fall von Angstreaktionen richtig, daß wir den Hund sich selbst überlassen. Nur dann hat er die Möglichkeit zu lernen, daß ihm bei den ihn schreckenden Erscheinungen nichts passiert. Drängt er sich jedoch in die Leine, sozusagen um zu flüchten, befördern wir ihn mit aller Kraft zurück und geben die Leine gleich wieder frei, so daß sie locker durchhängt. Jetzt steht oder sitzt der Hund wieder im Gleichgewicht. Das gibt ihm die beste Chance, sich an den Verkehr, der ihn ängstigt, zu gewöhnen.

Das beste Mittel, um einen unsicheren Hund zu beruhigen, besteht in der Ablenkung. Haben wir ihn schon soweit erzogen, daß er bestimmte Übungen auf unser Hörzeichen hin willig ausführt, können wir darauf zurückgreifen. Es ist oft erstaunlich, wie ein verunsicherter Hund seine Gelassenheit zurückgewinnt, sobald man mit vertrauten Worten und Zeichen etwas von ihm verlangt, das er schon zu tun gewohnt ist und wofür er auch jedesmal gelobt worden ist. Als eine wirksame Übung zur Ablenkung des Hundes bietet sich die oben erwähnte Sitzübung an.

Zum Schluß noch eine Warnung: Wickeln Sie nie die Leine um das Handgelenk, um Ihren schreckhaften Hund besser zurückhalten zu können. Selbst ein kleiner Hund vermag Sie mit einem unerwarteten Fluchtversuch aus dem Gleichgewicht zu bringen. Unfälle solcher Art sind keine Seltenheit. Denn Kraft ist gleich Masse mal Beschleunigung. Und das wirkt sich bei der Größe und der Kraft unseres Boxers besonders gravierend aus.

Der Hund im und um das Auto

Beim Besteigen und Verlassen des Wagens bieten sich uns täglich einige sehr nützliche Übungsmöglichkeiten an. Vor dem Einsteigen

Ein Boxer, der unerwartet über die Straße rennt, gefährdet nicht nur sich selbst. Er kann mit seinem Verhalten schwere Kollisionen von Fahrzeugen verursachen und damit auch Personen gefährden.

Was beim Mitführen eines Hundes im Auto zu beachten ist

— Der Hund gehört auf der Fahrt in den hinteren Bereich des Wagens. Er ist möglichst so zu sichern, daß er den Lenker nicht beeinträchtigen kann, auch bei einer Vollbremsung nicht. Es ist ihm soviel Raum zu gewähren, daß er sich hinlegen kann. Wer ganz sicher gehen will, ohne ein Netz oder ein Gitter zu montieren, kann sich im Fachhandel eine Anschnallgurte für Hunde besorgen.

— Im parkierten Wagen darf der Hund nicht angeleint zurückgelassen werden, da er sich strangulieren könnte. Es sind weder Eßwaren noch gefährliche Stoffe wie Putzmittel für den Hund erreichbar im Fahrzeug zu belassen.

lassen wir den Hund sich setzen und fordern ihn zum Bleiben auf. Dann erst öffnen wir die Wagentür, wobei der Hund auf seinem Platz zu verharren hat. Nach einer Pause muntern wir ihn zum Besteigen des Wagens auf (S. 45).

Beim Aussteigen öffnen wir die Wagentür, wobei wir den Hund mit Hör- und Sichtzeichen zum Bleiben auffordern. Nach einer Pause wird er zum Herauskommen ermuntert, indem man ihn korrekt abruft und an der Seite zum Sitzen bringt. Hier fordern wir ihn zum Bleiben auf, wonach wir den Wagen schließen. Dann treten wir zum Hund zurück, der an dem zugewiesenen Platz auf uns gewartet hat.

Mit diesem Vorgehen beugen wir jenen Unfällen vor, die sich immer wieder mit Hunden ergeben, welche unkontrolliert aus einem Wagen stürmen. Sei es aus Bewegungsdrang, sei es, weil sie beim Anhalten des Wagens von uns unbemerkt irgend etwas erblickt haben, das sie zum Verfolgen reizt. So etwa einen fremden Hund oder eine Katze.

Wie der Hund in unserem Auto untergebracht ist, trägt ebenfalls zu unserer Sicherheit im Verkehr bei, aber auch zum Wohlbefinden des Hundes während der Fahrt.

- Im stillstehenden Wagen benötigt der Hund genügend Frischluft, auch im Winter. Im Sommer ist zu beachten, daß die Sonne sich bewegt und die Schatten rascher wandern, als man oft annimmt. Die Fenster sind beidseitig mehr als spaltbreit zu öffnen, dies auch dann, wenn der Wagen im Schatten steht.
- Das Auto wird mit Vorteil dort parkiert, wo möglichst wenig Personen mit oder ohne Hund vorbeigehen. Erregt sich der Hund im Wagen, könnte er bei geöffneten Fenstern die Passanten verletzen. Um dem vorzubeugen, sind in der Scheibenöffnung einzuklemmende Scherengitter nützlich. Nimmt man durch Verhängen der Fenster dem Hund die Sicht, bleibt er ruhiger. Freilich muß auch dann die Durchlüftung gewährleistet bleiben. Bleibt man länger weg, sollte man ab und zu eine Kontrolle machen.
- Vor jeder Fahrt sollte der Hund etwas bewegt und versäubert werden. Ist man länger unterwegs, nimmt man Wasser und ein geeignetes Gefäß mit, um ihm dieses auch vorsetzen zu können.
- Der noch nicht ans Auto gewöhnte Hund sollte während der Fahrt von einer Person betreut werden. Zeigt er durch Speichelfluß oder Unruhe an, daß ihm schlecht wird, hält man kurz an und bewegt ihn an der Leine einige Schritte. Dies lohnt sich, da ein Hund, der einmal im Wagen erbricht, dies dann während längerer Zeit tun wird. Um das zu verhindern, empfiehlt sich eine ruhige Fahrweise, dies besonders auf kurvenreichen Strecken. Außerdem kann man den noch nicht autofesten Hund mit einem Spielzeug oder einem Kauknochen ablenken, was sich in manchen Fällen bewährt hat.
- Beginnt der Hund im Wagen zu kläffen, sollte man ihn weder zu beruhigen versuchen noch ihn ausschelten. Mit beidem verstärkt sich nur sein Kläffen. Denn die Beruhigung empfindet er als Lob für sein Fehlverhalten, und aus dem Schelten hört er nur unsere eigene Erregtheit heraus und fühlt sich unterstützt. Besser wirkt auch hier Ablenkung in irgendeiner Form. Notfalls muß man dem Hund die Sicht nach außen nehmen, was am leichtesten mit einer Transportbox zu machen ist.
- Ganz allgemein läßt sich sagen: Der Hund ist ein Gewohnheitstier. Wendet man Geduld gepaart mit Konsequenz an, ist er bald einmal zu einem erwünschten Verhalten zu bringen. Wer zu bequem ist dazu, sollte nicht dem Hund, sondern sich selbst Vorwürfe machen, wenn sich eine unerwünschte Gewohnheit im Tier festsetzt.

9. Beim Spaziergang lernen

Ganz allgemein gilt: Wer seinem Hund keine Anregungen bietet, wird von ihm auch nicht Aufmerksamkeit und Kontaktnahme erwarten können. Wir sind meistens selber schuld, wenn sich unser Hund immer weniger für uns, aber zunehmend für anderes interessiert. Das führt bald einmal dazu, daß seine Beziehung zu uns schwächer wird. Damit verschlechtert sich auch die Folgsamkeit unseres Hundes.

Leute, die beim Spazieren lieber eigenen Gedanken nachhängen oder mit anderen Personen plaudern, als sich zumindest ab und zu voll ihrem Hund zuzuwenden, lassen sich etwas sehr Wichtiges entgehen: Den Aufbau eines sich ständig vertiefenden Kontaktes zum Hund. Gerade das jedoch läßt sich beim Spazieren fast mühelos erreichen, wenn man die Gelegenheit dazu wahrnimmt. Hinzu kommt, daß wir ebenfalls eine Menge über unseren Hund und sein Verhalten lernen, wenn wir uns auf dem Spaziergang mit ihm beschäftigen.

Aufgaben stellen

Von Zeit zu Zeit sollten wir etwas mit ihm unternehmen. Am besten lassen wir uns dabei von den Gegebenheiten unserer üblichen Spazierstrecke anregen. Befindet sich irgendwo ein gefällter Baum, fordern wir ihn auf, diesen zu begehen, wenn möglich auch darauf zu wenden. Ist das Spiel beendet, nehmen wir ihn bei Fuß und warten, bevor wir ihn wiederum zum Freilaufen ermuntern. Wenn wir solche und ähnliche Übungen einflechten, werden wir bald erfahren, daß sich unser Hund auf jeden derartigen Ort der Handlung freut, dorthin vorausrennt und wartet oder schon allein den Stamm erklimmt. Das Ganze ist für ihn zu einem erlebenswerten Ereignis geworden, wo er unsere Zuwendung genießen darf.

Nun gibt es auf einer Spazierstrecke manche Dinge, die wir unserem Hund auf diese Weise lieb machen können. Es kann aber auch vorkommen, daß er eine neue Aufgabe vorerst gar nicht schätzt. Für uns ist dies ein Glücksfall, denn hier bietet sich die Gelegenheit, uns dem Hund gegenüber durchzusetzen, bis er schließlich den anfangs verweigerten Vorgang ebenso schätzt, ja oft noch attraktiver findet als jene Aufgaben, die er gleich auszuführen imstande war. Zum Beispiel der schräg abfallende Blechdeckel einer Sandkiste, auf den wir den Hund zuerst heben mußten, und den er nun spontan besteigt, und bei dem er sich nicht mehr an dem für seine Pfoten wenig Halt bietenden Material stört. Ein weiteres Beispiel, das bei manchen Hunden anfangs Hemmungen auslöst, sind Rohre, die zur Entwässerung unter Wegen durchführen und zumeist nur geringfügig Wasser enthalten. Mit einiger Geduld und Konsequenz bringt man am Ende jeden Hund dazu, hier durchzuschlüpfen. Freilich darf dabei kein Druck ausgeübt werden. Es ist eine Frage der Geschicklichkeit der Besitzer, ob es ihnen gelingt, den Hund an ein solches Engnis zu gewöhnen und ihn zum Hindurchgehen zu motivieren. Sind diese Hemmungen einmal überwunden, tut er es liebend gern, dies ganz besonders an heißen Tagen, weil es darin wunderbar kühl ist. Natürlich muß man sich stets vergewissern, daß so ein Rohr durchgehend ist, damit der Hund nicht darin steckenbleibt.

Anwenden der Grundübungen

Erreichen wir das Spaziergelände mit dem angeleinten Hund, können wir die Grundübung »Gehen, Anhalten und Setzen« gleich zu Anfang einschalten. Dazu bringen wir den Hund genau nach der früher beschriebenen Anleitung in Sitzstellung. Nach einer Pause wird er gelobt, worauf wir wiederum zwei Sekunden entspannt warten. Erst jetzt wird er abgeleint, darf aber noch nicht wegrennen, was er angesichts des ihm vertrauten Terrains gern tun würde. Erst nach der obligaten Wartepause ermuntern wir ihn mit einem sich stets gleichbleibenden Hörzeichen wie »Frei« oder »Lauf« dazu.

Gelingt uns diese Übung am Beginn des Spaziergangs, haben wir nicht nur den Gehorsam des Hundes unter erschwerten Bedingungen geprüft. Gleichzeitig hat sich unser Einfluß auf ihn erheblich vertieft.

Wo wir auf dem Spaziergang etwas verweilen möchten, zum Beispiel auf einer Bank, um die Aussicht zu genießen, führen wir die Bleibübung aus, wie dies im Kapitel über die Grundübungen erläutert worden ist.

Um das Abrufen sicherer werden zu lassen, schalten wir die Abrufübung zwei- bis dreimal pro Spaziergang ein. Dies aber nur, wenn eigentlich zum Herbeirufen kein Anlaß bestün-de, also rein übungsmäßig. Auch hier muß der Vorgang exakt nach der gegebenen Anleitung erfolgen, wollen wir damit wirklich ein sicher funktionierendes Abrufen erreichen. Die Konsequenz im Vorgehen ist eben die Aufgabe des Besitzers. Nur damit werden wir mit unseren Erziehungsbemühungen erfolgreich sein.

Kontakt-Spiele

Dazu gehört das beliebte Werfen von Stökken. Man sollte aber niemals ins Feld geworfene Stöcke dort liegenlassen. Wird später gemäht oder geerntet, geraten solche Hölzer leicht in die landwirtschaftlichen Maschinen und beschädigen diese.

Manche Hunde sind ganz vernarrt in dieses Spiel und rasen unentwegt hinter den Wurfobjekten her. Es kann sich natürlich auch um Bälle oder Wurfringe handeln. Betreiben wir Hundesport, ist diese Beschäftigung mit Stökken insofern heikel, als sie zumeist dazu führt, daß dann das Apportierholz beim Heranbringen geknautscht wird, was immerhin einige Punkte kostet. Doch läßt sich dies vermeiden, wenn man sich die Stöcke vom Junghund nie apportieren läßt und dies nur mit dem Bringholz verlangt.

Nun läßt sich das Stockspiel bedeutend interessanter gestalten, wenn wir dazu übergehen, den Stock hier und dort zu verstecken. Hat der Hund schon gelernt, im Sitzen oder Liegen an Ort zu verharren, können wir ihn dabei zuschauen lassen, dann zu ihm hingehen, ihn noch Laut geben lassen und dann erst zum Hinrennen aufmuntern. Wir können auch einen Stock vor den Augen des Hundes an bestimmter Stelle des Spazierweges deponieren. Er wird beim nächsten Spaziergang freudig und intensiv nach ihm suchen. Legt man den Stock so hoch, daß er ihn nicht erreichen kann, ist ein Hund in dieser Situation leicht zum Verbellen anzuregen, wonach er als Belohnung den Stock erhält. Mit derartigen Stockdepots läßt sich eine ganze Wegstrecke ausstatten, wodurch die Sache für Hund und Meister unerhört spannend werden kann.

Umweg-Versuche

Ein Spiel, das auch für eine spätere Gebrauchshunde-Ausbildung sehr förderlich ist, besteht im Veranlassen des Hundes, einen Umweg um ein Gebäude, um eine Hecke, einen Graben oder einen Kanal (von Brücke zu Brücke) zu machen, während wir auf dem üblichen Spazierweg weitergehen. Man beginnt mit einem größeren Busch oder einem Gemäuer, die am Wegrand stehen. Meistens ist es nötig, den Hund anfänglich dahinter zum Bleiben zu bringen, um ihn dann von der andern Seite her abzurufen. Doch bald merkt sich der Hund unser Hörzeichen (zum Beispiel »geh drumrum!«) und unser Sichtzeichen (mit Arm und Hand zu geben). Mit der Zeit kann man ihn dann auch an ähnlichen Stellen zu einer Umgehung ermuntern. Bei solchen Übungen ist jeder Druck und jede Ungeduld fehl am Platz.

Für den jungen Hund wird alles zum Erlebnis. Hier wurde der Welpe erstmals auf eine Kiste gehoben und zum Sitzen gebracht. Eine Erfahrung mehr für ihn, die sein Vertrauen zum Besitzer vertieft.

Mit anderen Hunden spielen lassen, fördert die Sicherheit im Umgang mit Artgenossen.

Beim Besuch im Tierpark gewöhnt sich der Boxer an das Erscheinungsbild und den Geruch des Wildes. Was ihm auf diese Weise vertraut ist, wird er auch weniger verfolgen.

Das, was wir ja eigentlich anstreben, ist mehr Kontakt zum Hund und eine erhöhte Verständigungsmöglichkeit mit ihm. Und das erreichen wir nur, wenn wir selbst stets locker und entspannt bleiben und nicht plötzlich aus falschem Ehrgeiz zuviel vom Hund verlangen. Gerade bei diesen Übungen lernen wir die Grenzen der Intelligenz beim Hund erkennen und Überforderungen vermeiden. Mit Geduld und Konsequenz von unserer Seite wird der Hund nach und nach fast alles tun, was wir vernünftigerweise von ihm verlangen können.

Wenn sich der Besitzer versteckt

Statt daß wir ständig nach dem Hund rufen, wenn er sich etwas weit entfernt, sollten wir uns besser ab und zu wortlos in ein Versteck begeben. Der Hund muß uns dann suchen, was er auch voller Spannung und mit großer Ausdauer tut. Zudem wird der Hund dadurch bedeutend aufmerksamer in bezug auf unsere Person bei Spaziergängen und Wanderungen. Wir haben dann bald einmal einen Hund, nach dem wir uns nicht laufend umsehen müssen, weil er uns aus eigenem Antrieb ständig im Auge behält. Insofern vertieft dieses Versteckspiel unsere gegenseitige Beziehung, was sich auch positiv auf den Gehorsam des Hundes auswirkt.

Die Rückwärts-Suche

Mit einem Gegenstand, zu dem der Hund zu Hause eine besondere Beziehung entwickelt hat, können wir ebenfalls ein spannendes Spiel gestalten. Wir nehmen das Ding einmal mit auf den Spaziergang, tragen es in der Tasche und zeigen es dann an geeigneter Stelle dem Hund. Anfangs leinen wir ihn dazu an, legen das Ding so vor ihm nieder, daß er

es gerade nicht erreichen kann. Dann entfernen wir uns mit ihm und gehen eine Strecke weit. Nun lösen wir ihn im Gehen von der Leine. Er wird normalerweise zurückeilen, wobei wir ihm ein Hörzeichen wie »hol das Ding!« nachrufen. Dieses Hörzeichen verknüpft sich mit seiner Aktion, so daß wir ihn später damit auf unserer Spur zurückschicken können, ohne daß er das Ablegen des Gegenstandes zuvor bemerkt hat. Wir bleiben nach dem Start des Hundes nicht stehen, sondern gehen in der zuerst eingeschlagenen Richtung weiter, bis wir den Hund von hinten herankommen hören. Jetzt halten wir an und wenden uns dem Hund zu, wobei wir versuchen, ihm das Ding abzunehmen. Auf diese Weise sind schon Hunde zum Apportieren gebracht worden, die sich vorher nicht dazu veranlassen ließen. Natürlich läßt sich mit der Zeit die Distanz zum abgelegten Gegenstand erheblich vergrößern. Mit einem suchfreudigen und ausdauernden Hund kann sich eine solche Rückwärtssuche über einen Kilometer erstrecken.

Begegnungen und Konfrontationen

Treffen wir auf unseren Spaziergängen auf einen uns unbekannten Hundebesitzer mit seinem Vierbeiner, beschleicht uns oft eine gewisse Ängstlichkeit. Ist der andere Hund größer, fürchten wir, er könnte unseren Liebling angreifen. Ist unser Hund mächtiger, gilt unsere Angst der Gefahr, die dem anderen Hund droht. Was sollen wir tun?

1. *Keine Angst erkennen lassen:* Die aufkommende Angst sollten wir in keinem Fall

Imponiert der erwachsene Boxer einem fremden Hund auf diese Art, läßt man ihn am besten gewähren. Ruft man aufgeregt, ist die Rauferei perfekt.

Bei solchen Rempeleien gibt es kaum Verletzungen, wenn sich die Besitzer nicht einmischen, sondern sich wortlos entfernen.

unsern Hund spüren lassen. Rufen wir ihn beispielsweise aufgeregt bei Fuß, oder zerren wir ihn an der Leine abrupt zurück, stimmen wir ihn aggressiv. Bleiben wir dagegen ruhig und innerlich distanziert zum Hund, so fühlt er sich weder unterstützt noch zu Hilfe gerufen. Es bleibt ihm dann die Möglichkeit, die Begegnung unbeeinflusst nach Hundeart zu bestehen, und das geht nur selten schief.

2. *Orientieren des andern Hundebesitzers:* Können wir nicht erkennen, ob es sich beim herankommenden Hund um ein gleichgeschlechtliches Tier handelt, so fragen wir am besten den andern Hundebesitzer. Gleichzeitig informieren wir ihn über das gewöhnliche Verhalten unseres Hundes. Wird der andere Hund an der Leine geführt, können wir vorschlagen, beide Tiere frei zu lassen, was oft das beste ist. Nur müssen wir dann nicht stehen bleiben, sondern gleichmäßig weitergehen.

3. *Begegnung mit angeleintem Hund:* Sehen wir uns veranlaßt, unsern Hund an der Leine zu behalten, sorgen wir dafür, daß dieser sich nicht in die Leine stemmt. Tut er das, wird er mit aller Kraft zurückgerissen, wobei man die Leine sofort wieder durchhängen läßt. An der gestreckten Leine ist jeder Hund aggressiv, wird er an der lockeren Leine geführt, fühlt er sich mehr auf sich selbst gestellt und bleibt ruhiger.

4. *Begegnung mit freilaufendem Hund:* Falls der entgegenkommende Hundebesitzer seinen Hund an der Leine führt, bitten wir ihn, ihn freizulassen. Dann gehen wir ruhig weiter, beachten das Verhalten der beiden Tiere möglichst ohne jede Einwirkung mit Rufen oder anderen Zeichen, und entfernen uns. Auch wenn die Hunde zu spielen beginnen

sollten, halten wir uns in einer gewissen Distanz von ihnen und vom anderen Hundebesitzer. Kommt es zur Rempelei, rufen wir nur ein einziges Mal »Komm!« und entfernen uns. Damit dämpfen wir die Angriffslust unseres Hundes erheblich.

5. *Trennen von beißenden oder verbissenen Hunden:* Ist es einmal trotz richtigem Verhalten beider Hundebesitzer dazu gekommen – was äußerst selten ist –, daß die Hunden nun ernsthaft beißend aufeinander losgehen, niemals mit bloßen Händen eingreifen. Auch Schlagen oder kreischendes Brüllen schadet nur. Hat man ein Brett zur Hand oder einen aufgespannten Regenschirm, kann man diesen Gegenstand zwischen die Hunde zu schieben versuchen. Oft wirkt dies auf sie verblüffend, sie halten einen Augenblick inne, und man hat die Chance, sie zu trennen. Das allerbeste wäre auch jetzt, wenn sich beide Hundebesitzer außer Sicht der Hunde begeben würden, und zwar im Laufschritt. Aber dazu fehlen meist die Nerven. Haben sich die Hunde einmal verbissen, hebt man den höher liegenden Hund, der gepackt hat, am Halsband hoch, bis er mangels Luftzufuhr ausläßt. In diesem Augenblick muß der zweite Hundebesitzer bereit sein, seinen Vierbeiner wegzuziehen. Bei richtigem Verhalten der Besitzer kommt es freilich höchst selten zu derartigen Situationen.

Schon in der vierten Lebenswoche beginnen Welpen mit ihren Geschwistern zu spielen, zuerst recht sanft, dann immer robuster werdend. Schließlich geht es außerordentlich wild zu im Zwinger. Da wird gepackt, gezerrt und genagt, wo immer es möglich ist. Ab und zu winselt ein Welpe kurz auf, und sogleich hält sein Geschwisterwelpe, der ihn eben ge-

nießerisch bearbeitet hat, in seinem Tun inne. Das Winseln ist für ihn ein Signal, das er aus seiner Natur heraus beachtet. Im Spiel mit den Geschwistern übt er so sein Gefühl für »dosiertes Packen«. Er wird später bei Auseinandersetzungen mit andern Hunden nicht einfach beißen und verletzen, sondern so fassen, wie es ein Hundefell auszuhalten vermag. Anders reagieren dagegen Hunde, die – etwa als Überzählige – außerhalb eines Wurfes allein aufgezogen wurden. Ihnen fehlt jenes wochenlange Training der Beißhemmung im Welpenrudel, das von der vierten bis zur achten oder zwölften Lebenswoche dauert.

Spiel mit der Mutter
Normale Welpen beziehen die Mutter respektlos ins Spiel ein, wobei sie überaus grob mit ihr umgehen. Eine gesunde und wesenssichere Hündin läßt das alles mit sich geschehen. Sie legt eine Engelsgeduld an den Tag. Doch irgendwann nach der vollendeten siebenten Lebenswoche des Wurfes ist es mit ihrer Nachsicht von einer Stunde auf die andere vorbei. Sie schaltet sozusagen von antiautoritärem Elternverhalten auf autoritäre Reaktionen um. Ihre Zurechtweisungen sind nun ebenso derb wie zuvor die Angriffe der Jungen. Noch etwas zeichnet ihr Beantworten von Belästigungen durch die Welpen aus: Es geschieht nicht nur rabiat und gezielt, die Einwirkungen erfolgen zudem kurzzeitig. Ein blitzartiges Packen und Schütteln, und schon ist es vorbei. Die Hündin verhält sich nun wieder so, als wäre überhaupt nichts geschehen. Die Sache hat sie in keiner Weise erregt. Es war ein technischer Vorgang, er ist zu Ende und die Hündin so gleichmütig wie zuvor. Von diesem Mutterverhalten können wir lernen. Genauso sollten wir unsere Korrektu-

ren gegenüber dem Junghund durchführen, massiv, kurz und ohne nachfolgende Schimpftiraden, die im Tone oft den Charakter von Entschuldigungen annehmen, weil wir erschrocken sind und befürchten, der Hund werde uns seine Anhänglichkeit entziehen. Damit begeht man einen grundlegenden Fehler. Man verunmöglicht es nämlich dem Hund, den Sinn der Korrektur auf seine Weise zu verstehen.

Rempeln ist noch lange nicht Raufen
Gesunde Junghunde beiderlei Geschlechts rempeln sich oft und gern an. Hat das ihnen im Welpenalter nie irgendwelche Einmischungen Dritter zugezogen, jetzt sind sie stets in Begleitung eines menschlichen »Rudelpartners«, der leider nicht immer Verständnis für solche Balgereien zeigt. Und allzuoft greift er unverhältnismäßig früh und dazu noch falsch ein. Gerade dadurch verunsichert er den Hund und läßt nun auch ihn falsch reagieren gegenüber dem andern Vierbeiner. In diesem vom Menschen ausgelösten Fehlverhalten liegt es meist begründet, wenn ein normaler temperamentvoller Hund zum Raufer wird. Man sollte deshalb solche Leute vor einen Zwinger führen, darin ein Wurf sich nach Herzenslust balgt. Diese Kampfspiele, welche besonders von der achten bis zwölften Lebenswoche der Welpen orgiastische Höhepunkte erreichen (Rangordnungsphase), bieten den besten Anschauungsunterricht für hundliches Verhalten bei Auseinandersetzungen mit Artgenossen. Das Vorgehen ist herzhaft und grob, aber ohne jede Bösartigkeit.

10. Ernährung, Pflege und Krankheits-Symptome

Der Boxer bleibt dann gesund und munter, wenn wir ihn regelmäßig und vernünftig füttern. Natürlich muß er auch entsprechend gepflegt werden, doch bietet das bei dieser Rasse kaum Schwierigkeiten, sie ist ausgesprochen pflegeleicht. Wichtig ist, daß wir unseren Hund immer beobachten, damit uns nicht entgeht, wenn sich an seinem Zustand etwas verändert. Es könnte sich nämlich um das Anzeichen einer Erkrankung handeln. Wann der Besuch beim Tierarzt erforderlich ist, werden wir im Abschnitt über Krankheits-Symptome erörtern.

Die Ernährung

Wird der Welpe nach der Übernahme noch dreimal gefüttert, geschieht dies beim Junghund bald nur noch zweimal am Tag. Im Laufe der Entwicklung zum erwachsenen Tier wird es sich zeigen, ob zum einmaligen Vorsetzen des Napfs überzugehen ist. Das tut man, wenn der Hund beginnt, Nahrung im Topf zurückzulassen. Geschieht das nicht, beläßt man es bei der zweimaligen Fütterung pro Tag. Im Hinblick auf die nicht selten auftretende Magendrehung (besonders bei großen Hunden) ist es sinnvoll, den Magen des Hundes auf diese Weise nicht zu sehr zu belasten. Es gibt aber viele Hunde, die spontan zur einmaligen Fütterung neigen, und uns dies auch merken lassen.

Die Freßgewohnheiten, aber auch die Verträglichkeit der Nahrung, sind von Hund zu Hund sehr verschieden. Es lassen sich für die Wahl des Futters keine Regeln aufstellen. Was dem einen bekommt, belastet den andern. Sei es, daß er damit zum Durchfall neigt, sei es, daß er sich häufig kratzt und an Ekzemen zu leiden beginnt. Hier muß man ganz einfach ausprobieren, was für den eigenen Hund das beste ist. Der Tierarzt wird uns in Fällen, wo Ekzeme aufgetreten sind, beraten. Es muß aber nicht unbedingt ein teures Diätprodukt sein, das zu einer Besserung führt. In manchen Fällen bringt uns ein einfacher Futterwechsel dasselbe Resultat.

Was dem Hund gut tut, dabei sollte man bleiben
Hunde sind nicht wie wir Menschen auf Abwechslung angewiesen. Sie lieben vielmehr eine gewisse Kontinuität der Nahrungsart. Daneben erhalten sie ja zumeist noch einige Leckerbissen. Das sollte man freilich nicht übertreiben, sonst wird das Tier zu dick. Man sollte immer noch die Muskulatur und die Rippen erkennen können, wenn ein Boxer sich bewegt.

Die Futtermenge muß dem Hund ebenfalls angepaßt werden. Es gibt auch hier keine Norm. Die einen brauchen mehr, die andern weniger.

Bei der heute von vielen Firmen angebotenen Fertignahrung kann man davon ausgehen, daß sie gut aufgebaut ist. Was dem Hund auf die Dauer schaden kann, sind Konservierungsmittel. In der Büchsennahrung gibt es relativ wenige solche Stoffe. Hingegen sind die der Flockennahrung beigefügten Brocken aus Trockenfleisch zwangsläufig stark konserviert. Bei empfindlichen Hunden empfiehlt es sich deshalb, Flocken ohne Fleischzusatz zu kaufen. Man kann Rohfleisch – bei Bedarf leicht angebrüht – oder Büchsenfleisch beimischen. Gegen das gelegentliche Vorsetzen von Speiseresten ist bei gesunden Hunden nichts einzuwenden, sofern sich der Hund damit unbelastet erweist. Röhrenknochen sind zu vermeiden, andere Knochen aber dann zu geben, wenn sie der Hund gut verträgt. Dringend angewiesen auf Knochen ist der Hund jedoch nicht. Jene Stoffe, die er benötigt, sind in den angebotenen Futtermitteln enthalten.

Trocken oder feucht vorsetzen?

Nach unserer Erfahrung ist angefeuchtete Nahrung dem Hund auf die Dauer bekömmlicher als jene dehydrierten Futterbrocken, bei denen der Hersteller empfiehlt, den Wassernapf einfach daneben zu stellen. Es ist aber zu befürchten, daß dies manche Besitzer aus Bequemlichkeit tun.

Natürlich ist auch Reis und Brei aus anderem Getreide eine bekömmliche Nahrung, die man selber herstellen kann. Bei vorübergehenden Verdauungsbeschwerden kann dies gute Dienste leisten.

Zur besseren Übersicht beachte man das nebenstehende Kästchen.

Dem Betteln vorbeugen

Ist unser Hund ein Bettelsack, so stellt uns das kein gutes Zeugnis aus, weder für unsere Tierliebe, noch für unsere eigenen Manieren. Schließlich bringen wir auch unseren Kindern bei, sich so zu verhalten, daß sie sich in einer menschlichen Gemeinschaft einfügen können und damit von dieser akzeptiert werden. In diesem Sinne sollten wir auch unseren Hund nicht für unsere engste Umgebung allein erziehen, sondern so, daß er überall als ein angenehmer Vierbeiner erkannt und geschätzt wird.

Dazu gehört, daß wir unseren Boxer regelmäßig füttern. Zusätzliche Leckerbissen geben wir ihm nur bei ganz bestimmten Gelegenheiten. So zum Beispiel, wenn er in den Garten geschickt wurde, dort sein Wasser gelöst hat und nun wieder hereinkommt. Grundsätzlich also nur als Belohnung für etwas, das er wunschgemäß getan hat.

Bei den ausdrucksvollen Augen des Boxers ist es oft schwer, die eigenen Familienmitglieder vom Verwöhnen des Hundes mit Leckerbissen abzuhalten. Doch es lohnt sich, hier durchzugreifen. Denn ein Boxer, der sich zu jedermann hindrängt und dort bettelnd den Speichel herunterlaufen läßt, ist bald einmal nirgends mehr willkommen.

Beim Spazierengehen mit einem fröhlichen und zutraulichen Boxer muß man frühzeitig darauf achten, daß nicht Passanten oder andere Hundehalter ihm plötzlich etwas verabreichen.

Wie füttern?

1. Wie oft? Der vier Monate alte Hund bekommt noch drei- bis viermal täglich sein Futter. Der sechs Monate alte Hund zwei- bis dreimal, der erwachsene Hund ein- bis zweimal. Wer seinen Hund beobachtet, merkt, wann eine Mahlzeit weniger gegeben werden kann.

2. Wann? Wenn möglich immer zur selben Zeit. Der Hund stellt sich dann auf den gewählten Zeitpunkt ein, wartet ruhiger und neigt weniger zum Betteln. Zudem wird er den Kot dadurch zur selben Zeit absetzen.

3. Wo? Immer am selben Ort und aus demselben Topf. Der Platz soll vor Sonne, Wetter und Störungen geschützt, und der Topf soll sauber sein.

4. Was? Die Produkte der Industrie sind recht gut, aber nicht jeder Hund verträgt jedes Fabrikat. Beobachten und bei Bedarf wechseln. Frischfleisch ist besonders für junge Hunde wichtig.

5. Was noch? Nicht zu kleine Kalbs- oder Rindsknochen sind am bekömmlichsten. Es gibt jedoch Hunde, die gar keine Knochen vertragen. Speisereste, auch gewürzte, können zur Abwechslung beigegeben werden.

6. Wieviel? Futtermenge dem Bedürfnis des Hundes anpassen. Zusätzliche Leckerbissen nur gezielt und nicht nach Laune von Hund oder Meister geben. Bei Tisch niemals!

7. Wie warm? Nicht aus dem Kühlschrank. Nie zu heiß, höchstens handwarm.

8. Wasser? In einer separaten Schüssel soll frisches Wasser für den Hund ständig erreichbar sein.

9. Vorsicht! Nicht vor Spaziergängen oder Sportleistungen füttern.

10. Fasten? Ein wöchentlicher Fasttag ist gesund, besonders für Hunde, die relativ wenig Bewegung haben.

Die Pflege des Boxers

Wild lebende Hundearten pflegen sich selbst, und das tun unsere Haushunde immer noch weitgehend. Je nach ihrer Fell- und Haarstruktur müssen wir jedoch etwas nachhelfen. Beim Boxer ist dies sehr einfach. Mit seinem kurzen Haar und glatten Fell ist er ohnehin ein leicht sauber zu haltender Hund. Aber seine Haut ist wie jede Hundehaut doch ziemlich empfindlich. Mit einer Drahtbürste laufen wir Gefahr, ihn oberflächlich zu verletzen, was zu Entzündungen oder gar Ekzemen führen kann. Doch mit einer nicht allzuweichborstigen Bürste, kommen wir aus. Beim Haarwechsel, der bei unseren Haushunden meist mehrmals jährlich auftritt, können wir mit einem feuchten Wildleder nachhelfen. Dasselbe Leder benutzen wir zum Entfernen der kurzen Borsten von Polstern und Teppichen, wo sie so haften, daß der Staubsauger oft nicht genügt. Jeder Pflegevorgang bringt uns mit dem Hund buchstäblich in hautnahen Kontakt. Gehen wir sorgfältig vor, freut er sich über die Prozedur, und das Bürsten wird dann zum vergnüglichen Spiel.

Das Baden des Hundes mit entsprechenden Haarwaschmitteln ist nicht unproblematisch. Im Grunde sind alle erhältlichen Shampoos zu aggressiv für die Hundehaut. Sehr bald wird die Talgschicht, welche die Haut bedeckt, abgetragen. Das hat den Nachteil, daß aller Schmutz, der dank der Talgschicht nach dem Trocknen leicht abfällt und gut ausgebürstet werden kann, nun kleben bleibt. Wer also oft im Gelände ist mit seinem Hund, tut gut daran, ihn möglichst nicht zu shampoonieren. Manchmal ist dies freilich nicht zu vermeiden, so etwa wenn sich das Tier in Jauche gewälzt hat. Dann verwende man aber nicht das erste beste für Menschenhaar bestimmte Shampoo, und spüle außerdem nach dem Waschen das Fell gründlich aus. Beim nächsten Spaziergang ist dann Vorsicht am Platz, denn manche Hunde neigen nach dem Bad besonders zum Sichwälzen.

Auch die Lagerstätte und die Transportbox im Auto müssen regelmäßig gereinigt werden. Bildet sich hier Staub, haben Bakterien aller Art, aber auch Flöhe, günstige Vermehrungsmöglichkeiten. Dem Flohbefall kann mit Floh-Pulver oder einem Flohhalsband begegnet werden.

Wichtig ist, daß der Hund nie länger der Zugluft ausgesetzt bleibt. Der Standort seines Lagers ist in dieser Beziehung zu überprüfen. Der Hund wird uns zu merken geben, wenn er eine bestimmte Stelle nicht liebt, und wir sollten uns nach Möglichkeit danach richten. Auch im Fahrzeug sollte der Hund nicht dem Fahrwind ausgesetzt sein.

Wird der Hund beim Spaziergang naß, sollte er nicht allzulange unbewegt bleiben. Vor einer längeren Heimfahrt im Auto trocknet man ihn am besten mit einem Tuch gut ab.

Zecken entfernt man, indem man sie eine Minute mit dem Finger stark hin und her bewegt. Dann kann man sie greifen und wie einen Flaschendeckel ausdrehen, wobei man sie zugleich hochzieht. Es wird auch empfohlen, zuerst Öl über sie zu gießen, wonach das Entfernen leichter sein soll.

Im Winter achten wir darauf, daß der Hund nicht zum notorischen Schneefresser wird, was bald geschieht, wenn wir ihm Schneebälle werfen. Kälte vertragen alle Hunde – auch kurz- und glatthaarige – gut.

Hingegen sind bei Kälte und Schnee seine Pfoten exponiert. Sinkt die Temperatur deutlich unter den Nullpunkt, kann es vorkommen, daß der Hund plötzlich stehen bleibt, eine Pfote hebt und uns recht unglücklich anschaut. Wir können ihm helfen, indem wir seine Pfote kurz massieren, um ihn dann gleich wieder zum Weiterrennen zu animieren. Dabei sollten wir ihn nicht bedauern, »du arms Hündli« oder ähnlich nennen, weil er sonst bald einmal heraushat, daß Pfotenheben unsere Teilnahme und unser Karessieren auslöst. Unternehmen wir im Winter Wanderungen, sollten wir die Pfoten des Hundes ab und zu kontrollieren. Liegt Schnee oder Matsch in der Stadt, sollten wir das auch nach kürzeren Ausgängen tun und beim Nachhausekommen die Pfoten gehörig spülen. Das Streusalz kann rasch zur Rissigkeit der Ballen führen, und dann wird das Salz bei der Berührung auch bald schmerzhaft empfunden. Ein altes Mittel, die Pfoten bei großer Beanspruchung zu pflegen, ist Melkfett oder Vaseline. Freilich sollte es nicht übermäßig angewendet werden, weil sonst die Ballenoberfläche zu weich wird, was erhöhte Abnützung bedeutet.

Ist ein Pfotenballen überempfindlich geworden oder gar gerissen, dann bietet ein Hundeschuh Abhilfe und Schonung. Weniger geeignet sind die harten Hundeschuhe aus Leder, besser ein Pfotenstiefel aus leichtem, flexiblem Material, wie er für Schlittenhunde in Kanada und Alaska verwendet wird. Diese Überzüge sind mit Haftbändern versehen, was bequemes und sattes Befestigen erlaubt. Mit einem Tesa-Klebeband lassen sich diese Hundeschuhe nach oben auch abschließen, damit weder Sand noch Schnee hineingelangen.

Nimmt man den Hund zum Skifahren mit, sollte man darauf achten, daß er nie zu nahe an uns herankommt. Skikanten sind so scharf, daß tiefe Schnittwunden und glatte Sehnen-Durchtrennungen entstehen können. Natürlich darf man mit dem Hund nicht offizielle Skipisten benützen, da dies eine Gefährdung der Pistenfahrer darstellt. Für Langläufer wurden übrigens in den letzten Jahren immer mehr Loipen zur Benützung mit dem Hund freigegeben.

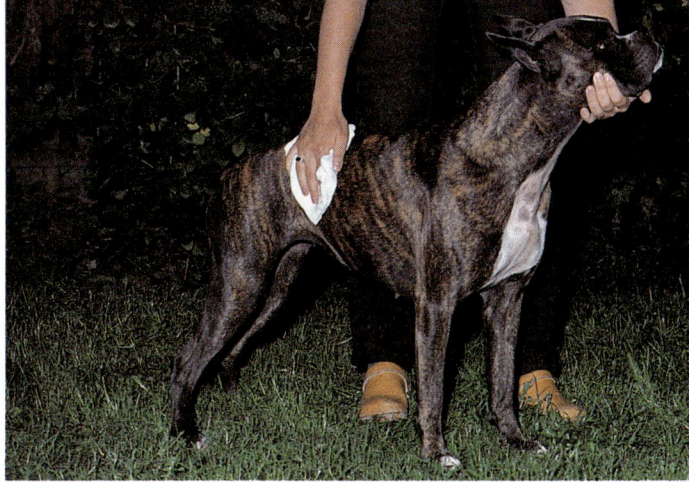

Das Fell des Boxers ist pflegeleicht. Oft genügt ein Tuch, um es zu reinigen. Mehr als eine nicht zu harte Bürste sollte man nicht anwenden.

Besser man geht ein paarmal zu früh als einmal zu spät zum Tierarzt. Bei der Untersuchung kommt es aus, ob der Boxer seinen Besitzern vertraut und den Tierarzt nicht scheut.

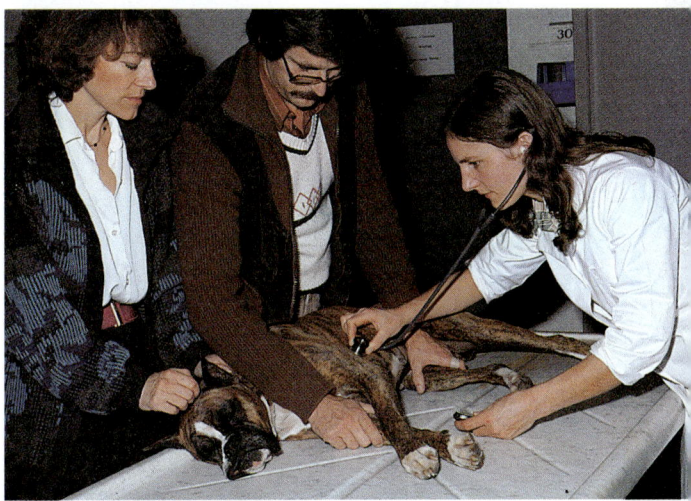

Krankheits-Symptome

Um den Gesundheitszustand unseres Hundes zu überwachen, benötigen wir keine umfassenden Kenntnisse. Es genügt, wenn wir ihn beobachten.

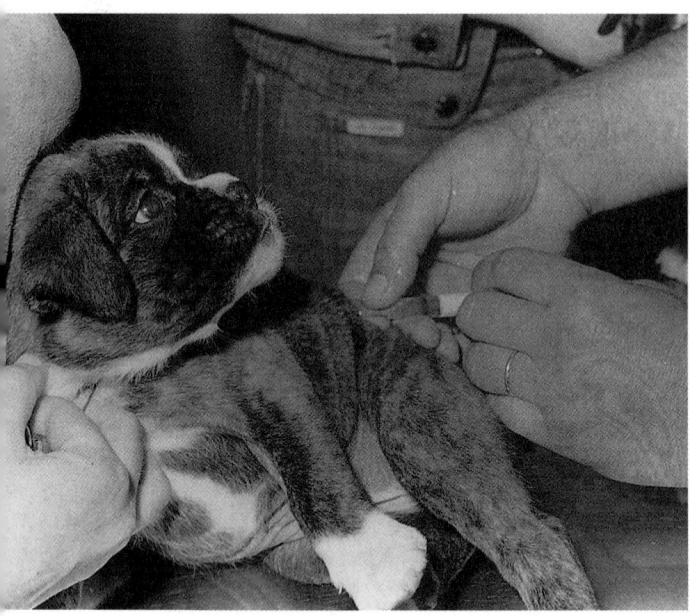

Ein früh an Fremdpersonen gewöhnter Boxer macht bei der Behandlung keine Schwierigkeiten.

Zeigen sich deutliche Veränderungen in seinem normalen Verhalten, ist es besser, den Tierarzt zu früh als zu spät aufzusuchen. Dies ganz besonders, wenn der Hund hustet, wenn er deutlich mehr trinkt und uriniert, oder wenn er an schwerem Durchfall leidet. Husten ist für den Hund viel folgenschwerer als für den Menschen. Vermehrtes Trinken und Wasserlösen kann auf akute Organinfektionen hindeuten, die bleibende Schäden nach sich ziehen, wenn die Behandlung hinausgezögert wird. Starker Durchfall führt sehr bald zu einem Erschöpfungszustand, der die Widerstandskraft des Tieres gefährlich herabsetzt, wenn man ihn nicht gezielt behandelt. Unverzüglich jedoch ist bei Durchfall dafür zu sorgen, daß der entstehende Flüssigkeitsverlust durch Zuführen von Tee ergänzt wird. Beginnt

der Hund nach dem Fressen oder später plötzlich zu würgen, ohne jedoch erbrechen zu können, und ist seine Bauchregion gespannt, könnte er sich eine Magendrehung zugezogen haben. Es ist dann eine Frage von wenigen Stunden, ob eine Operation noch helfen kann. Auch bei hohem Fieber gehört der Hund möglichst schnell zum Tierarzt. Es zeigt sich äußerlich durch trockene warme Nase, Hecheln und allgemeine Mattigkeit. Die normale Körpertemperatur des erwachsenen Hundes liegt bei 37,5 Grad C. Mit 39,5 Grad C ist hohes Fieber anzunehmen. Gemessen wird die Temperatur mit einem gewöhnlichen Fieberthermometer im After des Hundes.

Weitere Krankheits-Symptome
Schüttelt der Hund dauernd den Kopf oder hält er ihn schräg, können die Gehörgänge entzündet sein. Kratzt er sich unablässig und beißt sich an bestimmter Stelle ins Fell, kann ihn ein beginnendes Ekzem dazu reizen. Winselt er beim Aufstehen nach längerem Liegen, kann er sich im Wirbelbereich überanstrengt haben. Bessert sich dies nicht bald, muß der Tierarzt feststellen, ob eine Veränderung der Wirbelkörper oder der Hüftgelenke vorliegt. Wird Hüftgelenkdysplasie herausgefunden, sollte man nicht gleich erschrecken. Viele Hunde haben nach vorübergehenden Schwierigkeiten mit mittelschwer deformierten Gelenken fast beschwerdefrei ein hohes Alter erreicht.

Voraussetzung ist, daß man ein solches Tier nicht forciert, aber auch nicht schont. Die Muskulatur darf nicht durch Bewegungsmangel abgebaut werden, weil damit die Gelenke stärker belastet sind. Riecht der Hund penetrant, kann es sich um eine Entzündung der

Afterdrüsen handeln, welche der Tierarzt beheben wird. Bei starkem Mundgeruch kann sich das Zahnfleisch durch Wuchern verändert haben, was sehr schmerzhaft sein kann für den Hund. Auch hier bringt der Tierarzt Hilfe.

Wurmbefall

Er ist erkannbar an stark veränderter Konsistenz des Kotes (Schleimbildung, Abgang kleiner weißer Bandwurmglieder). Auch durch After-Rutschen und Afterlecken des Hundes und allenfalls durch Abmagern trotz Zufütterung kann sich Wurmbefall bemerkbar machen. Da die Wurmkuren einen Hund sehr stark belasten, und da nicht immer alle Wurmarten von demselben Mittel erfaßt werden, empfiehlt es sich, eine Kotprobe zum Tierarzt zu bringen. Danach kann dann schonend, gezielt und erfolgreich entwurmt werden.

Euthanasie

Da wir unseren Hund regelmäßig zur Vornahme der üblichen Schutzimpfungen dem Tierarzt zuführen, kennt er dessen Praxisräume und ihn selbst. In diese ihm vertraute Situation sollten wir ihn auch bringen, wenn er alt und hinfällig geworden ist oder an einer unheilbaren Krankheit leidet. Über den Zeitpunkt des Einschläferns lassen wir uns vom Tierarzt beraten. Wenn andauernde Schmerzen das Tier quälen, sollten wir nicht aus Egoismus und Angst die Euthanasie hinauszögern.

Auch Boxer werden einmal alt und sind dann auf unsere Geduld und Zuwendung besonders angewiesen.

11. Allgemeine Hinweise zur Hundehaltung

Wer sich einen Boxer hält, ist verantwortlich für dessen artgerechte und sorgfältige Haltung und Behandlung. Er hat gegenüber seiner Familie sowie den Nachbarn, aber auch gegenüber der Bevölkerung ganz allgemein, dafür zu sorgen, daß niemand durch sein Tier belästigt, erschreckt oder gar geschädigt wird. Für Boxerbesitzer ist das in der Regel selbstverständlich.

Unser Verhalten gegenüber dem eigenen Hund

Jeder Hund, auch der Boxer, fühlt sich bei uns nur dann geborgen und zufrieden, wenn er merkt, was er darf und was nicht. In diesem Sinne ist seine Erziehung vorzunehmen. Wie wir gesehen haben, läßt sich das nicht mit Befehlen erreichen, sondern es geht in erster Linie darum, sich mit einem Hund zu verständigen.

Wie man zu dieser Verständigung gelangt, ist im vorliegenden Buch beschrieben. Es beginnt schon mit unserer Einstellung gegenüber dem Hund. Wir sollten in ihm nicht ein Wesen sehen, das dümmer ist als wir, sondern einen andersartigen Partner, der uns in mancher Beziehung weit überlegen ist.

Der zweite Schritt zur Verständigung ist die Erkenntnis, daß der Hund nicht in der Lage ist, sich auf unsere hauptsächliche Ausdrucksweise, nämlich die (verbale) Sprache, einzustellen. Daraus folgt, daß wir unser Verhalten der Auffassungsgabe des Hundes anzupassen haben. Dies ist nicht einfach, und selbst der erfahrenste Hundekenner wird in diesem Punkt immer wieder rückfällig, indem er sich dem Hund auf eine Weise verständlich zu machen sucht, die ihn überfordert.

Andererseits ist der Hund so erpicht darauf, zur Verständigung mit uns zu gelangen, daß er mit großem Beharrungsvermögen darauf wartet, am Ende doch Signale von uns zu erhalten, die ihm auf seine Art verständlich sind. Dabei ist ihm eine Lernweise behilflich, die man »Versuch und Irrtum« nennt. Das heißt, er versucht etwas zu erreichen, indem er handelt, und erweist sich dies als Irrtum, macht er gleich den nächsten, abgeänderten Versuch. Das geht so weiter, bis er zu jener Handlung gelangt, die wir ihm mit einem Lob als erwünscht bestätigen können.

Je mehr wir aber von der Andersartigkeit des Hundes wissen, und je besser wir uns seinem Auffassungsvermögen anzupassen gelernt haben, desto kürzer wird der Weg zur Verständigung mit ihm. Verfügen wir bei diesem Vorgehen über genügend Erfahrung, lernt der Hund oft überraschend schnell und nachhaltig.

Grundsätzlich kann man sich darauf verlassen, daß der Hund uns dann gern gehorcht, wenn wir ihm eine Chance geben, auf seine Weise zu verstehen, was wir von ihm wünschen.

Erziehung und Ausbildung des Hundes sollten somit nicht mit dem Eindrillen von Befehlen erfolgen, die der Hund sozusagen auswendig lernen soll, wie dies ein menschlicher

Schüler tut. Vielmehr sind sie mit der systematischen Gewöhnung an jenes Verhalten vorzunehmen, das wir im Endeffekt von ihm erwarten.

Eine detaillierte Anleitung, wie unser Boxer über die Gewöhnung an erwünschtes Verhalten zu erziehen und auszubilden ist, enthalten die Kapitel 4 bis 6. Dazu nun noch einige ergänzende Hinweise.

Geeignete Hilfsmittel

Halsbänder und Leinen gibt es in verschiedener Ausführung. Am zweckmäßigsten ist ein einfaches, nicht zu schmales Lederhalsband ohne Zugring. Man schnallt es so, daß es satt genug sitzt, damit der Hund nicht ausschlüpfen kann. Halsbänder aus dünnem Rundleder mit Zugring sind unpraktisch und würgen einen Boxer zu sehr. Hingegen ist ein Kettenhalsband preiswert und praktisch, sofern seine Glieder groß genug sind, um den Karabiner einzuhaken. Umfaßt der Karabiner den Zugring samt einem Glied, kann die Kette ebenfalls so satt gesetzt werden, daß Ausschlüpfen unmöglich ist. Zudem wird der Boxer damit auch nicht gewürgt.

Bei der Leine empfiehlt sich auch die Ausführung in Leder. Kunststoffleinen können Schürfungen an den Händen der Besitzer verursachen. Auf jeden Fall sollte die Leine zwei Karabiner und einen oder zwei Metallringe aufweisen. So kann sie bei Bedarf verlängert werden, und das Anbinden des Hundes ist kein Problem.

Der Maulkorb ist in einigen Ländern, so auch in Italien, vorgeschrieben. Es gibt sehr gute Modelle für Boxer. Die Gewöhnung des Hundes an den Maulkorb hat auch ihre Vorteile. Einmal hat man sich dabei bei ihm durch-

Die Würgebänder links und rechts sind ungeeignet. Am besten verwendet man ein einfaches Lederhalsband.

Auch ein preiswertes Kettenhalsband ist praktisch, nur muß man die Würgewirkung durch Einhaken des Rings in ein Kettenglied ausschalten.

zusetzen, was natürlich nie schadet. Zum andern bleibt man bei Begegnungen mit andern Hunden bedeutend gelassener, wenn man das Pech hat, einen etwas angriffigen Boxer zu besitzen. Im übrigen macht das Tragen des Maulkorbs den Hund nicht schärfer, wie ab und zu behauptet wird. Beim Anziehen ist der Maulkorb so gut zu befestigen, daß der Hund ihn nicht abstreifen kann. Gelingt ihm dies nämlich einmal, wird er es immer wieder versuchen.

Das Stachelhalsband wurde früher bei Hunden, die stark zerren, zur Abhilfe eingesetzt. Beim Boxer war das natürlich nie zu verantworten, weil ihn sein Fell zuwenig vor den Stacheln schützt. Es gibt aber heute ein ebenso einfaches als auch wirksames Mittel, um solche Hunde unter Kontrolle zu halten: Das Hundehalfter »Halti«. Damit benötigt man bedeutend weniger Kraft, um den Hund zurückzuhalten. Ein Karabiner bleibt wie üblich am Halsband befestigt, der andere wird in den Ring des Halfters eingehakt. So kann der Hund alternierend am Halsband und am »Halti« geführt werden. Der Hund lernt so bald, daß Zerren unerwünscht ist. Und wenn er nicht mehr zerrt, neigt er auch weniger zu aggressivem Verhalten an der Leine.

Wer seinen Boxer am Fahrrad mitführen will, hat die Möglichkeit, ihn mit der Leine an einer gefederten Haltestange zu befestigen. Er ist dann in der Lage, den Lenker mit beiden Händen zu führen und sich besser auf den Verkehr zu konzentrieren. Alle unsere Versuche mit dieser im Fachhandel erhältlichen Einrichtung namens »Springer« sind positiv verlaufen.

Der Boxer im Familienbereich

Die erwachsenen Familienmitglieder sollten wenn immer möglich mit der Haltung eines Hundes einverstanden sein und mit ihm auch zurechtkommen. Anders ist es mit den Kindern, besonders wenn sie noch klein sind. Zwar wird der Boxer allgemein als kinderlieb bezeichnet. Doch die Vertrautheit mit Kindern ist nicht rassebedingt, sondern sie hängt mit der frühen Gewöhnung des Welpen an Kinder zusammen, wie es in Kapitel 3 dargelegt worden ist.

Auch kann der Boxer als temperamentvoller Hund aus lauter Freude ein Kind umwerfen. Man sollte sich also vorsehen und möglichen Gefahren vorbeugen.

Die frühe Gewöhnung des Welpen an Kinder macht ihn lebenslang vertraut mit eigenen und fremden Kindern.

Das Spiel des Boxers mit Kindern macht Spaß, ist aber nicht ganz ungefährlich. In der Erregung kann der Hund auch einmal mit dem Gegenstand die Hand des Kindes erfassen. Eine erwachsene Person sollte das Spiel beobachten und unter Kontrolle halten.

Bei Kindern Gefahren vorbeugen

Es ist verständlich, daß manche Eltern ihren Kindern zuliebe einen Hund anschaffen, in der Meinung, daß sie dadurch den Umgang mit einem anderen Lebewesen auf natürliche Weise lernen können. Freilich sollte man den Hund nicht als Spielzeug verstehen, denn das ist er in keinem Fall. Man kann ihn nicht wegstellen, wenn das Spiel vorüber ist, er bleibt lebendig gegenwärtig und hat seine Bedürfnisse, die man nicht ungestraft vernachlässigt. Es ist aber auch falsch, dem Kind die ganze Verantwortung für den Hund aufzubürden. Man muß bereit sein, ihm dabei zu helfen, sonst ist das Kind überfordert. Wenn wir dies tun, lernt das Kind an unserem Beispiel, was Verantwortung heißt.

Ganz allgemein können wir die Kinder vor gefährlichen Reaktionen des eigenen oder anderer Hunde bewahren, indem wir ihnen begreiflich machen, daß man sich dem Tier nie aufdrängen soll, sondern besser wartet, bis er mit uns Kontakt aufnimmt. Erst dann sollte man es berühren, tätscheln und mit ihm spielen. Bei sehr kleinen Kindern ist eine solche Orientierung nicht möglich, hier gilt der Grundsatz, daß man sie nie länger mit dem Hund allein läßt. Auch ein scheinbar mit unserem Kleinkind vertrauter Hund erschrickt, wenn das Baby sich erstmals auf dem Bauch krabbelnd fortbewegt. Kann er nicht ausweichen, oder packt ihn das Kind mit seinen in diesem Alter unerhört griffstarken Händchen am Fell, wird es möglicherweise zum Schnappen kommen. Das kann zu erheblichen Verletzungen führen. Man kann sich in dieser Beziehung nicht auf die Hundebücher verlassen, wo fast alle Rassen als »kinderlieb« beschrieben sind. Diese Eigenschaft ist nicht rassebedingt, sondern setzt ein sicheres Wesen des Hundes voraus und eine frühe Gewöhnung an Kinder. Schon der Welpe sollte Kontakte zu Kindern in seinen ersten zehn Lebenswochen erfahren dürfen und überhaupt in einer Umgebung aufwachsen, wo ihm jene Umwelterscheinungen geboten werden, denen er später ausgesetzt sein wird. Tiere, die in einer Scheunenecke oder einem Kellerwinkel groß werden, sind in ihrem Wesen später stets beeinträchtigt und unsicher.

Es ist auch bei älteren Kindern gut, wenn man sie auf gewisse Gefahren beim Umgang mit Hunden aufmerksam macht. Das gilt vor allem für das Spielen mit Hunden, die ja das Kind für einen Rudelgenossen halten. Tut man ihnen ungewollt weh, verhalten sie sich entsprechend, das heißt, sie reagieren rasch und hart. Menschenhaut ist aber bedeutend empfindlicher als ein Hundefell, und so kann es leicht eine Schramme absetzen. Allzu schnell spricht man dann von Beißen und bösartigem Verhalten.

Besonders gefährlich ist in diesem Sinne auch das Spiel mit Stöcken. Schenkt das Kind der Schnelligkeit im Zupacken des Hundes keine Beachtung, so kann dessen Fang den Stock hart fassen, bevor er noch aus der Hand gelangt ist und dann eben diese Hand erheblich verletzen.

Es gehört als Orientierung weiter dazu, dem Kind klar zu machen, daß auch ein Hund ab und zu seine Ruhe braucht, und daß man dieses Bedürfnis besonders bei weniger mit Kindern vertrauten Hunden zu respektieren hat.

Mit dem Boxer zu Besuch

Wer sich erstmals einen Hund anschafft, ist oft

erstaunt, daß er bei gewissen Bekannten nicht so willkommen ist wie früher, als er sie noch ohne Hund besuchte. Dabei ist das leicht zu verstehen. Man muß nicht Hundefeind sein, man kann auch aus anderen Gründen keine Vorliebe für Vierbeiner haben. Es genügt, wenn keine Beziehung zu diesem speziellen Tier vorhanden ist. Das sollten Hundebesitzer stets vorbehaltlos akzeptieren und berücksichtigen. Es gehört im Grunde schon zu den Überlegungen, die man sich vor dem Kauf eines Hundes machen sollte, daß man abklärt, wer von unseren Bekannten nicht unbedingt Hundefreund ist. Allerdings ist man auch bei Hundehaltern nicht ohne weiteres ein gern gesehener Gast, wenn man selbst mit einem Vierbeiner anrückt. So manche Leute haben da schlechte Erfahrungen gemacht. Allzuschnell kann es zur Rempelei oder gar Rauferei kommen. Es gibt jedoch einige Regeln, wie man solche Aggressionen vermeiden könnte. Sie seien hier angeführt.

Ausgangspunkt ist das Revierverhalten des Hundes, seine Gewohnheit nämlich, Wohnung und Garten als Territorium zu betrachten, das nur von ihm selbst und »seiner« Familie zu beanspruchen ist. Wer sich nähert, wird abgewiesen. Kommt es jedoch zu einer völlig überraschenden ersten Begegnung im Revier mit einem andern Hund, ist die Rauferei fast unvermeidlich. Dies ganz besonders bei gleichgeschlechtlichen Tieren. Geht man dagegen sorgfältig vor, läßt sich fast immer ein Weg finden, um die Toleranz des hauseigenen Hundes zu fördern.

Erstens: Die erste Begegnung beider Vierbeiner sollte außerhalb des Reviers stattfinden, wenn möglich auf einem Gelände, das beiden unbekannt ist. Hier können sie sich beim Spazieren ihrer Besitzer kennenlernen. Diese sollten nicht stehen bleiben, sondern immer weitergehen. Erst wenn sich die Hunde aneinander gewöhnt haben, begibt man sich »in die Höhle des Löwen«.

Zweitens: Am Wohnort angekommen, läßt man die beiden Hunde erneut außerhalb des Gartens oder des Hauses sich begegnen und betritt dann erst das Gebiet, das der eine der Hunde als sein Territorium betrachtet. Mit diesem Vorgehen ist zwischen einem Rüden und einer Hündin meist eine Beziehung geschaffen, die den Hausfrieden garantiert. Es kommt höchstens noch zu Anschnauzereien, wenn der »Eindringling« einem Lieblingsplatz oder einem Lieblingsgegenstand des Haushundes zu nahe tritt.

Bei gleichgeschlechtlichen Hunden bringt die Gewöhnung aneinander außerhalb des Territoriums nicht immer den Erfolg. Besonders dann nicht, wenn die Tiere etwa gleich groß und zudem wesensstark sind. Noch schlimmer, wenn der eine infolge falscher Haltung überaus eifersüchtig erscheint. Experimente sind da nicht zu empfehlen. Schon manche langjährige menschliche Beziehung hat im Krach zweier Hunde ihr abruptes Ende gefunden. Ganz schlecht wirkt es sich aus, wenn man den eigenen Hund irgendwo im Hause einsperrt, während der vierbeinige Gast im Wohnzimmer herumstolziert. Bei der nächsten Begegnung wird sich das rächen. Warum eigentlich nicht den Hund im Wagen lassen? Und weshalb nicht einmal den Hund zu Hause lassen? Auch daran sollte ein richtig gehaltener Hund gewöhnt sein, und zwar früh genug. Hunde, die das Weggehen ihrer Besitzer aus dem Haus nicht ertragen, ohne Schaden anzurichten, stellen ihren Meistern kein gutes Zeugnis aus. Hier wurde Wesentliches einer vernünftigen Erziehung versäumt.

Heimtiere und unser Boxer

Wie viele Beispiele bestätigen ist der Boxer durchaus an andere Heimtiere zu gewöhnen, dies von der Katze bis zum Meerschweinchen. Grundsätzlich sollten sich die Besitzer dabei möglichst ruhig verhalten. Jede Aufregung steigert die Unsicherheit des Hundes und erschwert ihm damit das Akzeptieren des »Fremdlings«.

Wald, Wild und Hund

Als Boxerfreund ist man normalerweise auch ein Freund der Natur. Somit achtet man darauf, daß der Hund nicht wildert. Das setzt voraus, daß wir unseren Boxer auch nicht streunen lassen. Denn aus diesem unbeaufsichtigten Herumlungern ergibt sich früher oder später das Wildern.

Streicht unser Boxer auf einem Spaziergang unvermutet ab, weil er ein Reh in die Nase bekommt oder erblickt, sollte man nicht aufgeregt und wiederholt nach ihm rufen. Das fördert höchstens die Intensität seiner Jagdlust. Wir sollten ihn auch nicht suchen gehen, sondern dort verbleiben, wo er uns verlassen hat. Hierher kommt er nämlich in den meisten Fällen zurück.

Sind wir aber genügend aufmerksam beim Spazieren, wird uns der Hund kaum je wegrennen. Es wäre denn, wir hätten es versäumt, mit ihm das Herbeirufen auf jedem Spaziergang kurz, aber exakt zu üben, wie es in Kapitel 7 und Kapitel 9 beschrieben worden ist. Unsicher abzurufende Hunde gehören schon in Waldnähe an die Leine.

Hund und Landwirtschaft

Auch beim Passieren von landwirtschaftlichen Nutzflächen achten wir darauf, daß der Boxer nicht in Fruchtfeldern herumjagt. Auch darf er nicht seinen Kot im Futtergras absetzen, denn damit kann echter Schaden entstehen. Sei es, daß das Gras weggeworfen werden muß, sei es, daß sich ein bestimmter kleiner Bandwurm auf ein Tier überträgt, von dem der Hund Zwischenträger ist.

Die Verantwortung des Hundehalters gegenüber der Umwelt

Wer einen Boxer besitzt, prüft, ob sein Hund *haftpflichtversichert* ist. Selbst der besterzogene Hund kann erheblichen Schaden anrichten, so etwa, wenn er auf die Straße rennt und eine Kollision von Fahrzeugen verursacht.

Hundekot ist der häufigste Grund, warum sich Leute über Hunde ärgern. Man sollte ihn weder auf Gehwegen noch auf Trottoirs liegen lassen. Damit schadet man dem Ansehen der Hundehaltung ganz allgemein. Dabei ist das Aufnehmen des Kotes mit einem Plastiksäckchen leicht zu bewerkstelligen.

Rücksichtnahme ist hier im eigenen Interesse geboten.

Jogger findet man beim Spazieren in den Erholungsräumen jeder Stadt fast immer. Falls unser Boxer hier einmal unerwünscht reagiert, sollten wir möglichst ruhig bleiben. Das wird uns eher gelingen, wenn wir bedenken, daß der Hund zwar dazu neigt, allen Objekten nachzurennen, die sich fortbewegen. Aber nicht um sie anzugreifen und zu beißen, sondern um sie aufzuhalten.

Hier nun einige Merkpunkte zum Verhalten beim Begegnen von Joggern:

1. Den Hund beim Spaziergang im Auge behalten, ebenso das Gelände.

2. Nähert sich ein Jogger, den Hund nicht aufgeregt mehrmals hintereinander rufen, sondern nur einmal, aber deutlich das ihm bekannte Rufzeichen geben. Danach sollte man sich abwenden und entfernen, wenn möglich auch verstecken. Dadurch wird dem Hund jede Unterstützung seines Vorhabens entzogen, welche er dann zu erhalten vermeint, wenn man sich aufgeregt rufend gebärdet und nähert.

3. Geht der Hund überraschend einen Jogger an, nachdem er dies zuvor nie getan hat, sollte man sich genau gleich verhalten, wie es unter Punkt 2 beschrieben ist. Das ist etwas schwieriger, weil damit im Jogger der Eindruck entsteht, man kümmere sich überhaupt nicht um den eigenen Hund. Aber es lohnt sich dennoch, weil der Hund schon dadurch gebremst beziehungsweise in seinem Fehlverhalten nicht unterstützt wird, daß er nichts vom Besitzer hört. Diese Bremswirkung hängt allerdings vom Verhältnis ab, das der Besitzer mit seinem Hund aufgebaut hat. Beschäftigt sich dieser weder innerlich noch äußerlich mit ihm, ist die Bremswirkung gleich null. In einem solchen Fall sollte man sich aber keinen Hund halten.

4. Was immer geschieht, der Hundehalter sollte versuchen, dem betroffenen Jogger das Problem zu erklären, das er mit seinem Hund hat. Auf Vorwürfe des Betroffenen, der sich ja begreiflicherweise erregt, sollte er korrekt und verständnisvoll reagieren. Und er sollte ihn spüren lassen, daß er sich ernsthaft bemüht, den Hund unter Kontrolle zu halten.

5. Falls man das Pech hat, daß ein Kleiderschaden oder gar eine Verletzung entstanden ist, sollte man nicht mit dem Geschädigten verhandeln, sondern ihm die Haftpflichtversicherung angeben und den Schaden dann auch der betreffenden Gesellschaft melden.

12. Der Boxer als Gebrauchshund

Unser Boxer gehört zu den sogenannten Gebrauchshunden, also zu jenen Rassetypen, die sich für gewisse, dem Menschen nützliche Aufgaben eignen. Sie können zu Wachhunden, Schutzhunden, Suchhunden, Fährtenhunden oder zu Rettungshunden (Lawinenhund und Katastrophenhund) ausgebildet werden.

Im Gegensatz zu früher ist es heute eher die Ausnahme, wenn ein Hund zur Arbeit verwendet wird. Was heute mit den Gebrauchshunden unternommen wird, spielt sich vorwiegend im Sportbereich ab. Gleichzeitig ist jedoch das Sporthundewesen immer noch die Grundlage für das Heranbilden von Führern und Hunden, welche später im Einsatzbereich tätig sein werden. Was unsere Boxer als Polizei- und Rettungshunde leisten, wird im nächsten Abschnitt gezeigt.

Hundesport mit dem Boxer

In der gemeinsamen sportlichen Betätigung lernen sich Besitzer und Hund erst so richtig kennen und verstehen.

Offiziell haben die Dachorganisationen der Sportwelt den Hundesport nicht als Sportart anerkannt. Ist es nun so, daß der Reiter auf seinem Pferd Sport treibt, der Hundeführer neben seinem Vierbeiner aber nicht?

Wir meinen, daß die sportliche Arbeit mit dem Hund sehr wohl als Sport zu bezeichnen ist – und zwar als eine der sinnvollsten, vielseitigsten und schwierigsten Sportarten überhaupt, geht es doch darum, sich mit einem Lebewesen auseinanderzusetzen, das – anders als das Pferd – meist nur indirekt zu beeinflussen ist, mit dem man sich also auch auf Distanz verständigen können muß.

Was den Hundesport am Ende so reizvoll macht, ist das Zusammenspiel mit dem Hund. Wem es einmal gelungen ist, sich mit seinem Boxer zu verständigen, hat eine unerhört schöne und entspannende Freizeitbeschäftigung gefunden. Bis in die höchste Stufe einer Prüfungssparte ist freilich noch ein weiter Weg. Neben der Schutzhundearbeit, mit der eine Karriere meistens aufgebaut wird, locken noch weitere Sparten: etwa die Sanitätshundearbeit, die Suchhundeprüfung und Fährten-

Unter guter Führung ist der Boxer ein ausgezeichneter Sporthund. Trotz dem kurzen Fang leistet er auf der Fährte vorzügliche Arbeit. Denn es kommt nicht auf die Länge der Nase, sondern auf die Kapazität des Riechhirns an.

prüfung. Wer einen besonders talentierten Boxer besitzt, wird sich irgendwann zur Siegertitelprüfung melden, die alle Jahre stattfindet. Dort messen sich die besten Führer(innen) mit ihren Sporthunden.

Einen Prüfungstag mit seinem Boxer muß man erlebt haben, um ermessen zu können, welche Befriedigung wir durch unsere Beschäftigung gewonnen haben. Hier werden wir nun entschädigt für den Zeitaufwand, den die Ausbildung unseres Hundes erfordert.

Vorurteile

Ist Hundesport eine sinnvolle Freizeitbeschäftigung? Es gibt manche Leute, die diese Frage verneinen. Das beruht meist auf dem Umstand, daß man unter Hundesport vielfach ausschließlich den Aufbau von Schutzhunden versteht. Die dabei geübte Arbeit am geschützten Mann, der sogenannte Schutzdienst, wird abgelehnt. Daß Schutzhunde-Ausbildung aber auch einen anspruchsvollen Gehorsamstest und eine exakt auszuführende Fährte verlangt, ist oft gar nicht bekannt. Noch weniger weiß man von den weiteren Sparten des Hundesports, die den Schutzdienst nicht enthalten. So die Ausbildung von Begleithunden, Fährtenhunden und Suchhunden.

Der Boxer als Schutzhund

Man hat also die Wahl, was man mit seinem Boxer hundesportlich unternehmen möchte. Am besten erkundigt man sich bei seinem Verein, welche Ausbildungsmöglichkeiten er anzubieten hat. Wo nur Schutzhunde ausgebildet werden, sollte man zuerst abklären, in welcher Weise dies geschieht. Wenn Grobheiten und das Drangsalieren der Hunde im Programm stehen, sollte man mit einem Boxer

nicht mitmachen. Wird jedoch sorgfältig aufgebaut, sind die Übungsleiter auch in der Lage, auf die Eigenheiten der einzelnen Hunde einzugehen. Hier ist man mit dem Boxer gut aufgehoben und beraten. Denn die fachlich einwandfreie und artgerechte Ausbildung im Schutzdienst macht den Hund nicht schärfer, sondern sicherer. Gerade der Boxer ist begeistert, wenn er den Mann im Schutzanzug packen und festhalten darf. Es ist für ihn ein Kampfspiel, das er liebt. Es fördert nicht seine Aggression im Umgang mit Menschen und mindert somit in keiner Weise seine Verträglichkeit. Bei der Erregbarkeit des Boxers kommt hinzu, daß er sich bei dieser Arbeit diszipliniert zu verhalten hat. Wir sind dann in der Lage, ihn auch dann unter Kontrolle zu halten, wenn ihm einmal sein Temperament durchzugehen droht.

Der Boxer als Fährten- und Suchhund

Eine der schönsten Übungen im Schutzhundesport ist die Fährtenarbeit. Sie entspricht dem ehemaligen Laufraubtier Hund in jeder Beziehung. Schließlich hängt das Überleben eines hundeartigen Wildtieres von seiner Riechfähigkeit ab. Vergleicht man nun den Kopf eines Deutschen Schäferhundes oder eines Vorstehhundes mit dem Kopf eines Boxers, fällt der Unterschied in der Länge der Nase auf. Es ist nun sehr naheliegend, daraus zu schließen, der Hund mit langer Nase sei riechfähiger als der Kurznaser. Diese laienhafte Vorstellung ist falsch. Auf die Nase allein kommt es nämlich nicht an, es bedarf der Weiterleitung der Reize, welche die aufgenommenen Geruchspartikel im Nasenapparat ausgelöst haben, über die Nervenbahnen zum Riechhirn. Hier findet dann die eigentliche bewundernswerte Arbeit statt, welche es dem Hund erlaubt, Fährten unter schwierigen Bedingungen zu verfolgen, oder Objekte wie verschüttete Personen sowie bestimmte Stoffe aufzuspüren. Die Intensität der Leistung des Riechhirns ist folglich entscheidend für den Sucherfolg. Das Gehirn ist nun bei jedem Hund gleich bemessen. Einen Siebentel davon nimmt das Riechhirn in Anspruch. Man kann also das Vorurteil in bezug auf die kurze Nase ruhig fallen lassen. Auch Boxer können hervorragende Fährtenhunde sein. Sie sind ebenfalls imstande, als Rettungshunde oder gar als Drogenspürhunde zuverlässige Arbeit zu leisten. Ein gut trainierter Boxer kann zur Vermißtensuche wie zur Arbeit in Trümmern oder im Schnee eingesetzt werden. Seine Schnelligkeit und seine überdurchschnittliche Beweglichkeit kommen ihm dabei zustatten.

Vom Grundkurs zum Hundesport

Die meisten Vereine bieten heute Anfängerkurse an, wo man lernen kann, mit seinem Hund besser umzugehen. Und aus diesen sogenannten Erziehungskursen der Rasseklubs und der kynologischen Vereine rekrutieren sich denn auch die meisten Nachwuchs-Hundesportler. Nur selten kauft sich jemand einen Hund in der Absicht, später mit ihm zu arbeiten, worunter das Üben im Verein und das Ablegen von Prüfungen zu verstehen ist.

Doch manche Besitzer kriegen Freude an der Zusammenarbeit mit ihrem vierbeinigen Partner, und wo könnte dies besser getan werden als eben im Hundesport. Zu Beginn muß sich niemand entschließen, in welcher Klasse er einst debütieren möchte. Man wird ihn im Laufe der Übungen aufgrund der Veranlagung seines Hundes beraten, in welcher

Sparte ihm am ehesten eine erfolgreiche Betätigung beschieden sein könnte. Die Vorbereitungen zur ersten Begleithundeprüfung dauern einige Zeit, und sie lassen eine spätere Wahl völlig offen. Hier wird man mit jenen Vorgängen vertraut gemacht, die Grundlage für jede Weiterbildung sind. Das geht vom Setzen und Hinlegen über das Gehen bei Fuß mit und ohne Leine bis zur Arbeit mit der Nase auf der Fährte und im Revier, wo nach Gegenständen und Personen gesucht wird.

Eine besondere und fürs Weitermachen oft auch entscheidende Übung ist das Apportieren eines ausgeworfenen Gegenstandes. Hier wird vom Hund wie vom Führer einiges gefordert, und nicht jeder Besitzer erweist sich dabei geduldig und konsequent genug. Mit genügend Selbstbeherrschung und Durchhaltevermögen wird aber jeder Hund am Ende zum Apportieren gebracht. Ist dies gelungen, wurde nicht nur eine wichtige Stufe der Ausbildung erreicht, sondern das Verhältnis zwischen Führer und Hund hat sich vertieft und ist belastbarer geworden.

Anfangsschwierigkeiten

Jeder Anfänger wird die Erfahrung machen, daß sein Hund einzelne Übungen bald in erwünschter Weise ausführt, während er mit anderen Übungen längere Zeit nicht zurechtkommt. Doch gerade dort, wo es schwieriger wird, beginnt der Hundesport interessant zu werden. Der Hundeführer muß nun Wege suchen und finden, die seinem Hund besonders gut entsprechen, um zum Erfolg zu gelangen. Dabei ist er in der Regel auf die kompetente Anleitung und moralische Unterstützung des Übungsleiters angewiesen. Es gibt aber auch einige Hundebücher, die uns anregen können.

Da man als Anfänger im Verein neben anderen Anfängern steht, die ebenfalls Probleme mit der Ausbildung ihres Hundes haben (wenn auch oft nicht dieselben wie wir selbst), ist man nicht alleingelassen und vermag im Notfall die Mißerfolge so zu verkraften, daß man trotz allem motiviert bleibt. Einfacher gesagt, man verliert nicht die Freude an der sportlichen Zusammenarbeit mit seinem Hund.

Es ist für den Anfänger gut zu wissen, daß selbst erfahrene Hundeführer und Ausbilder mit dem eigenen jungen Hund diese Anfangsschwierigkeiten zu überwinden haben. Der Aufbau eines Sporthundes geht nie so reibungslos vor sich, wie man sich das zu Beginn vorstellen mag. Ausdauer und Durchhaltevermögen sind dabei stets unerläßlich. Selten ist es der Hund, der versagt, öfters der Besitzer. Hauptursachen sind Mangel an Geduld mit sich selbst und dem Hund sowie falsche Vorstellungen vom Aufwand, der nötig ist, um das gesteckte Ziel zu erreichen. Ist aber der Anfang gemacht und hat man eine gewisse Sicherheit im Umgang mit dem Hund erreicht, erwächst uns aus der hundesportlichen Tätigkeit viel Genugtuung und Freude. Jetzt ist man auch innerlich vorbereitet für die erste Prüfung. Außerdem hat man nicht nur einiges gelernt und sich fast nebenbei einen folgsamen Hund zugelegt, sondern man hat auch viel für die eigene Gesundheit getan durch die Bewegung in freier Natur.

Der Boxer als Dienst- und Rettungshund

Vom Polizeihund bis zum Blindenführhund reicht die Verwendbarkeit unserer Rasse.

Wenn es darum geht, mit dem Hund eine Arbeit zu verrichten, muß man sich auf ihn verlassen können. Das setzt allerdings voraus, daß sich der Hund auch auf uns verlassen kann, das heißt, daß er einen verständigen und erfahrenen Führer hat. Ein gut ausgebildeter Boxer ist in der Regel zuverlässig. Es dauert zwar manchmal eine Weile, bis sich sein Führer in der Grundausbildung bei ihm durchzusetzen vermag. Auf der einen Seite wirkt jener Wesenszug des Boxers, den wir oft als Eigensinn bezeichnen, gegen ein rasches Vorankommen. Auf der anderen Seite schließt die Sensibilität unseres vierbeinigen Muskelprotzes jede Gewaltmethode aus. Sind wir aber einmal soweit, daß nicht nur wir den Boxer, sondern der Boxer auch uns versteht, dann tut er seine Arbeit sicher und ausdauernd. Es kommt deshalb nicht von ungefähr, wenn der Boxer einer der meistverwendeten Gebrauchshunde im Einsatzbereich geblieben ist.

Wir möchten Ihnen nun einige Berufe des Boxers in Text und Bild vorstellen. Beginnen wir mit dem Polizeihund.

Der Boxer als Polizeihund

Es ist nicht etwa so, daß noch ab und zu rein zufällig ein Boxer sich in den Polizeidienst verirrt. Nein, er gehört nach wie vor zum Bestand vieler Polizeikorps. Sein stets wacher Schutztrieb kommt seinem Führer zustatten. Mit seiner kurzen Nase vollbringt er ausgezeichnete Such- und Fährtenarbeit. Und wenn es darum geht, einen flüchtenden Delinquenten zu stellen, ist er ganz in seinem Element. Schon Konrad Most hat auf die vorzügliche Eignung des Boxers zum Polizeidienst hingewiesen, und auch der große Förderer und

Kenner des Deutschen Schäferhundes, Rittmeister von Stephanitz hat für den Boxer Sympathie und Anerkennung bekundet. In ähnlicher Form wie beim Polizeidienst wird der Boxer auch bei den Schutzhunden des Militärs verwendet.

Der Boxer als Lawinenhund

In dieser Verwendungsweise ist der Boxer nur selten anzutreffen, obwohl alle Boxer, welche als Lawinenhunde eingesetzt wurden, auch vorzügliche Arbeit geleistet haben. Wegen seines kurzen Felles wird irrtümlich angenommen, der Boxer sei gegen Kälte nicht geschützt. In Wirklichkeit ist es nicht die Kälte, welche dem Boxer wie allen andern kurzhaarigen Rassen stark zusetzt, sondern die Wärme. Im Schnee fühlt sich der Boxer äußerst wohl. Bewundernswert ist die Art, wie manche Boxer Steilhänge hinuntersausen. Den Brustkorb verwendeten sie dabei als eine Art Schlittenkufe, mit den Hinterläufen beschleunigten sie die Fahrt und mit den seitlich hochgezogenen Vorderläufen steuerten sie nach Möglichkeit ihren Körper in die beabsichtigte Richtung. Das ganze sieht äußerst attraktiv aus, wie ja überhaupt der Boxer auch als Arbeitshund nicht selten seine komische Note zur Geltung zu bringen weiß.

Der Boxer als Katastrophenhund

Zu den Prototypen von Katastrophenhunden gehörten gleich mehrere Boxer. Als man in der Schweiz 1968 begann, das KH-Wesen systematisch aufzubauen, erkannte man gleich, worin die besondere Eignung des Boxers für die Trümmersuche bestand. Seine körperbedingte Wendigkeit in den Trümmern, gepaart mit seiner nervlichen Reserve, mach-

An der ersten für Katastrophenhunde durchgeführten Leistungsprüfung 1969 waren zwei Boxer beteiligt.

ten ihn zu einem sicheren Suchhund im schweren, oft auch halsbrecherischen Gelände. Seine spontane Reaktionsweise ergab sehr klare Anzeigen. Und nicht zuletzt war er mit seiner nicht allzugroßen Gestalt leicht im Flugzeug unterzubringen.

Der Schweizerische Verein für Katastrophenhunde SVKA hat in Zusammenarbeit mit der Schweizerischen Rettungsflugwacht REGA, dem Schweizerischen Katastrophenhilfecorps SKH, der Luftschutztruppe und dem Schweizerischen Roten Kreuz SRK seit 1972 Rettungsarbeit geleistet. So unter anderem bei den Erdbeben in Nord- und Süditalien, in Bukarest, Jugoslawien, Nord Jemen, Mexiko City, San Salvador und Armenien. Deutsche Boxer waren fast immer dabei eingesetzt. Insgesamt sind an die hundert verbürgte Lebensrettungen sowie unzählige Ortungen von toten Opfern zu verzeichnen.

Auch von deutschen Rettungshunde-Staffeln wurden mehrfach Boxer eingesetzt.

Boxer beim Anzeigen einer unter den Trümmern liegenden Person anläßlich einer Übung.

Boxer vor dem Anzeigen einer verschütteten Person im Einsatz nach dem Erdbeben von Nordjemen 1983.

Der Boxer als Blindenführhund

Der international bekannte Experte für die Ausbildung von Blindenführhunden, Walter Rupp, ist ein guter Kenner des Boxers, den er ganz besonders schätzt. Er hat auch einige Boxer als Blindenführhunde ausgebildet, die

Erster Einsatz von Katastrophenhunden durch die Schweiz. Rettungsflugwacht 1972 beim Tunnelunglück von Viercy bei Paris. Der Boxer Gary war dabei. In der Mitte Dr. med. h.c. Fritz Bühler, Mitbegründer und langjähriger Leiter der REGA.

ihre Arbeit gut verrichtet haben. Für die erste Boxerschau in Ebikon trainierte er eine Boxerhündin in sechs Wochen und brachte sie auf einen derart hohen Ausbildungsstand, daß er sie ohne jedes Risiko vorführen konnte, obschon er mit verbundenen Augen arbeitete. Die elegante und sichere Führungsweise bei hohem Schrittempo begeisterte damals die Zuschauer. Eines ist für den Boxer als Blindenführhund nicht einfach zu lernen: Die Begegnung mit anderen, oft auch aggressiven Hunden, ohne Gegenreaktion zu bestehen. Dafür ist er jedoch dem Sehbehinderten ein guter Schutz gegen menschliche Anrempelungen oder auch gegen Diebe. Tatsächlich machen heute gewisse Elemente nicht Halt vor der Beraubung eines Invaliden. In den Vereinigten Staaten werden deshalb immer noch Deutsche Schäferhunde und zuweilen auch Boxer zur Führarbeit herangezogen. Dies besonders, wenn der Blinde in einer Gegend wohnt, die nicht als sicher gilt. Diese Hunde werden zur Schutzarbeit auch trainiert, natürlich in einer Weise, die dem Blinden dienlich ist.

13. Gestalt und Charakter des Deutschen Boxers

Es genügt nicht, das ein Boxer äußerlich schön wirkt, er muß auch charakterlich ein richtiger Boxer, nämlich ein wesenssicherer und damit gut zu haltender Hund sein. Dies ist stets zu bedenken, wenn von der Schönheit unserer Rasse die Rede ist.

Es ist die Aufgabe der Körkommission der Rasseklubs, dafür zu sorgen, daß dem Verhalten des Boxers die nötige Beachtung geschenkt wird, wenn es um die Zulassung zur Zucht geht. In manchen Ländern wird dafür das Bestehen einer Wesensprüfung vorausgesetzt. Damit ist auch dem Käufer eines Boxers gedient, da ein charakterlich sicherer und nicht schreckhafter Hund seinem Besitzer viel weniger Schwierigkeiten macht. Das reicht von der Stubenreinheit über das Verhalten auf Spaziergängen und im Verkehr bis zur Leistungsfähigkeit beim Hundesport oder beim Einsatz als Gebrauchshund.

Bei der Beurteilung der Schönheit wird aber auch die Funktionstüchtigkeit des anatomischen Baus eines Boxers geprüft. Die ist ein weiterer Hinweis darauf, daß nicht allein auf die äußere Erscheinung, sondern auch auf die Robustheit Wert gelegt wird. Der Sinn der Erfassung des Schönheitsgrades eines Boxers liegt somit darin, daß man einen Hund hoch einstuft, der Eleganz und Prägnanz der Form mit der Robustheit und Gesundheit von Körper und Wesensart vereint. Wenn unsere Züchter gemeinsam mit den verantwortlichen Funktionären dieses Leitbild eines munteren, gesunden und der äußeren Form nach überzeugenden Boxers anstreben, werden sie ihrer Aufgabe gerecht. Die Boxerzucht kann dann vertrauensvoll in die Zukunft blicken.

Viele große Kynologen haben sich für den Deutschen Boxer begeistert. Einer von ihnen, Ferdinand Schmutz, hat dazu in seinem herrlichen Buch »Mein Hund« die folgenden Worte gefunden: »Aber auch als vierbeinigen Freund und Kameraden habe ich den Boxer kennengelernt und glaube, daß es kaum einen besseren geben kann.«

Um uns immer wieder einen Überblick auf den Stand der Zucht zu verschaffen, sind Ausstellungen und Spezialschauen (wo nur Boxer ausgestellt werden) unerläßlich. Hier können Vergleiche angestellt und Erfahrungen ausgetauscht werden. Hier findet der Züchter stimulierende Anregungen für seine Weiterarbeit. Hinzu kommt der Eindruck, den die Ausstellungsbesucher von unserer Rasse gewinnen. Ein Boxer, der nach unserer Auffassung schön ist, wird stets gefallen und neue Liebhaber gewinnen.

Wie schön ist mein Boxer?

Für einen wirklichen Boxerfreund ist es nicht entscheidend, ob nun gerade sein Hund einer der allerschönsten oder gar ein Champion ist. Er wird stets den eigenen Boxer für den besten, liebsten und in seiner Art auch schönsten halten. Will er jedoch erfahren, wie sein Liebling im Vergleich zu anderen Boxern eingestuft wird, hat er verschiedene Möglichkeiten. Am besten nimmt er mit seinem Hund an einer Ausstellung teil. Im sogenannten Ring wird ihm der Richter erklären, wie er das vorgeführte Tier beurteilt. Der Besitzer wird überdies nach der Ausstellung einen schriftlichen Richterbericht erhalten. Wer von einem Ausstellungsbesuch absehen möchte, hat es in dieser Beziehung schwerer. Natürlich kann er einen Boxerkenner fragen. Das ist jedoch kein besonders empfehlenswertes Vorgehen, da es sehr wenige solcher Kenner gibt. Dafür hat es manchen Amateur, der aus Freude am Boxer seine Fähigkeiten überschätzt. So kommen dann die veschiedensten Resultate zustande, auf die man nicht unbedingt abstellen sollte. Ein weiterer Weg, sich ein Bild von der Erscheinung seines Boxers im Vergleich zur angestrebten Norm zu machen, ist das Studium des Rasse-Standards.

Die Rassekennzeichen des Deutschen Boxers

»Der deutsche Boxer ist ein mittelgroßer, glatthaariger, stämmiger Hund, von kurzer, quadratischer Figur und starken Gliedmaßen. Wir können ihn am besten mit einem kräftigen Leichtathleten vergleichen, der ein hohes Maß von Kraft und Schnelligkeit in sich vereinigt. Die Muskulatur ist ganz trocken, kräftig entwickelt und plastisch unter der Haut hervortretend. Die Bewegungen sind äußerst lebhaft, der Gang fest, doch elastisch, im Schritt frei und geräumig, die Haltung stolz und edel. Als Schutzhund darf er einer gewissen Masse, gepaart mit Kraft, nicht entbehren, als ausdauernder Begleithund und als ausgezeichneter Springer nicht der Eleganz. Diesen vereinten

Anforderungen kann nur ein Körper entsprechen, dessen einzelne Glieder für höchste Leistungsfähigkeit gebaut und in schönster Harmonie zum Ganzen vereint sind. Daher darf der Boxer bei höchstentwickelter Kraft nicht plump oder schwer, und bei aller Flüchtigkeit nicht windig sein.

Der Kopf verleiht dem Boxer das ihm eigentümliche Gepräge; er muß im guten Verhältnis

Schon früher gab es neben dem mehrheitlich kupierten Boxer ab und zu auch den Boxer mit Hängeohr. Heute ist das Kupieren der Ohren in den meisten Ländern verboten.

zum Körper stehen und darf vor allem nicht zu leicht sein. Das eigentliche Charakteristikum des Boxers ist die Schnauze, auf deren korrekteste Form und richtiges Größenverhältnis zum Schädel der größte Wert zu legen ist. Bei der Beurteilung des Boxers ist daher in erster Linie das Gesamtbild in Betracht zu ziehen, ob Masse und Eleganz, ob die einzelnen Teile

Den Boxer gibt es gelb oder gestromt, wobei die weißen Abzeichen nicht mehr als ein Drittel der Grundfarbe ausmachen dürfen.

des Körpers in dem gewünschten Verhältnis zueinander stehen, wobei auch auf entsprechende Farbe zu achten ist. Danach sind die einzelnen Teile auf ihren korrekten Bau und ihre Funktion zu prüfen.«

Wir haben hier die Kurzfassung der Rassekennzeichen aus einer kynologischen Fachschrift zitiert. Einerseits zeugt sie von großer Fachkenntnis, andererseits wirkt manches darin übertrieben. Das ist ganz typisch für solche Beschreibungen, soll uns aber nicht stören. Denn im wesentlichen ist doch damit das Erscheinungsbild des Boxers erfaßt.

Was jedoch im F.C.I.-Standard über das Verhalten und den Charakter steht (siehe S. 86), geht zu weit. Derart vermenschlichende Bezeichnungen wie »unerschrockener Mut« und »Hinterlist« sind Relikte aus einer Zeit, da die Begeisterung größer war als das verhaltenskundige Wissen.

Der Standard des Deutschen Boxers

Der sogenannte Rasse-Standard ist die genaue Umschreibung der als ideal erachteten äußeren Erscheinung einer bestimmten Hunderasse. Danach richten sich die Züchter und die Ausstellungsrichter. Zuständig für die Abfassung des Standards ist die jeweilige Zuchtkommission des Rasseklubs des Ursprungslandes. Sie entscheidet im Rahmen der Richtlinien der Fédération Cynologique Internationale F.C.I.

Das Ohr des Boxers ist im untenstehenden Standard zweifach umschrieben. Einmal für das unkupierte Ohr wie es in einigen Ländern vorgeschrieben ist (z.B. in Deutschland, der Schweiz, in England und Holland). Zum andern für das kupierte Ohr, das in manchen Ländern noch zugelassen ist.

Die Körperteile des Boxers

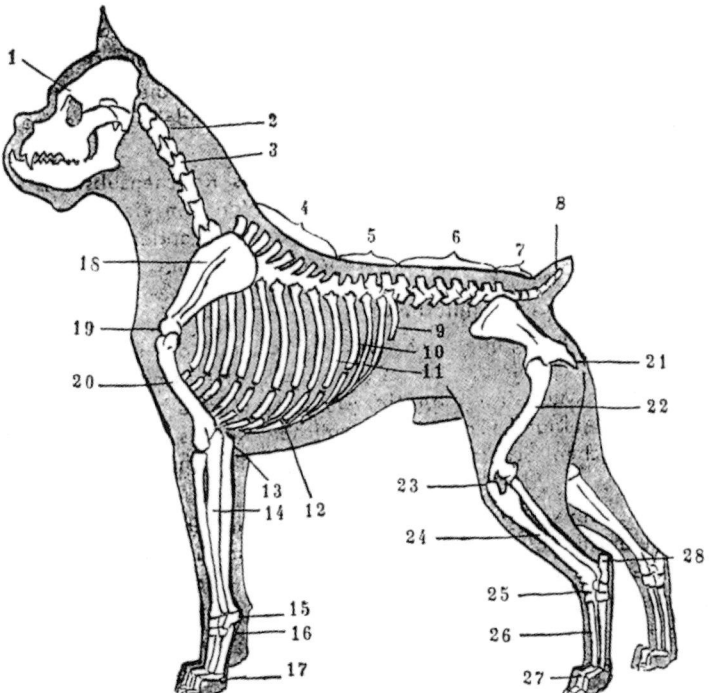

1 Schädel
2 Drehpol des Kopfes, hinter den zwei ersten Halswirbeln
3 Halswirbel (7)
4 Widerristwirbel (8)
5 Rückenwirbel (5)
6 Lendenwirbel (7)
7 3 zusammengewachsene Kreuzwirbel
8 Schwanzwirbel
9 1 freistehende Rippe
10 3 zusammengeschlossene Rippen
11 Rippen des Brustkorbes
12 Brustbein
13 Ellenbogenbein (Ulna)
14 Unterarm
15 Erbsenbein
16 7 Knochen der Vorderfußwurzel (Fesselgelenk, 5 längere dünne Knochen des Vordermittelfußes)
17 4 Zehen mit je 3 Knochen
18 Schulterblatt
19 Kugel- und Pfannengelenk der Schulter
20 Oberarm
21 Becken
22 Oberschenkelknochen
23 Kniescheibe
24 Unterschenkelknochen (Tibia und Fibula)
25 5 kleine Knochen des Sprunggelenkes
26 Hintermittelfuß, 5 Knochen
27 Zehen
28 Fersenbeinhöcker

F.C.I.-Standard Nr. 144

Deutscher Boxer

Ursprungsland: Deutschland
F.C.I.-Klassifikation: Gruppe 2 – Sektion 2 – Molosser
Mit Arbeitsprüfung

Kurzer geschichtlicher Überblick

Als unmittelbarer Vorfahre des Boxers gilt der kleine bzw. Brabanter Bullenbeißer. Die damalige Zucht der Bullenbeißer lag meistens in den Händen von Jägern, denen er zur Jagd diente. Seine Aufgabe war es, das von den Hetzhunden getriebene Wild zu packen und festzuhalten, bis der Jäger kam und die Beute erlegte. Für diese Aufgabe mußte der Hund ein möglichst breites Maul mit breitem Zahnstand haben, um sich richtig festzubeißen und auch festzuhalten. Jeder Bullenbeißer, der diese Merkmale hatte, war für seine Aufgabe am besten geeignet und kam somit auch zur Weiterzucht, die früher nur nach der Tätigkeit und dem Verwendungszweck erfolgte. So wurde auch eine Zuchtauslese betrieben, die einen breitschnauzigen Hund mit aufgestülptem Nasenschwamm hervorbrachte.

1. Allgemeines Erscheinungsbild: Der Boxer ist ein mittelgroßer, glatthaariger, stämmiger Hund mit kurzem, quadratischem Gebäude und starken Knochen. Die Muskulatur ist trocken, kräftig entwickelt und plastisch hervortretend. Die Bewegungen sind lebhaft, voll Kraft und Adel. Der Boxer darf weder plump oder schwerfällig, noch leibarm oder windig erscheinen.

2. Wichtige Maßverhältnisse (Proportionen):
a) Länge des Gebäudes:
Das Gebäude ist quadratisch, d. h. die Begrenzungslinien, eine waagerechte den Rücken und je eine senkrechte die Bugspitze bzw. die Sitzbeinhöcker berührend, bilden ein Quadrat.
b) Brusttiefe:
Die Brust reicht bis zu den Ellenbogen. Die Brusttiefe beträgt die Hälfte der Widerristhöhe.
c) Länge des Nasenrückens, Länge des Kopfes:
Die Länge des Nasenrückens verhält sich zur Länge des Oberkopfes wie 1:2 (gemessen von der Nasenkuppe bis zum inneren Augenwinkel bzw. vom inneren Augenwinkel bis zum Hinterhauptbein).

3. Verhalten und Charakter: Der Boxer soll nervenstark, selbstbewußt, ruhig und ausgeglichen sein. Sein Wesen ist von allergrößter Wichtigkeit und bedarf sorgsamster Pflege. Seine Anhänglichkeit und Treue gegenüber seinem Herrn und dem ganzen Haus, seine Wachsamkeit und sein unerschrockener Mut als Verteidiger sind von Alters her berühmt. Er ist harmlos in der Familie, aber mißtrauisch gegenüber Fremden, heiter und freundlich beim Spiel, aber furchtlos im Ernst. Er ist leicht auszubilden vermögens seiner Bereitschaft zur Unterordnung, seines Schneides und Mutes, seiner natürlichen Schärfe und seiner Riechfähigkeit. Bei seiner Anspruchslosigkeit und Reinlichkeit ist er gleich angenehm und wertvoll in der Familie wie als Schutz-, Begleit- oder Diensthund. Sein Charakter ist bieder, ohne Falschheit und Hinterlist, auch im höheren Alter.

Fehler: Aggressivität, Bösartigkeit, Hinterlist, Unzuverlässigkeit, Mangel an Temperament, Feigheit.

4. Kopf: Er verleiht dem Boxer das Gepräge, muß in gutem Ebenmaß zum Körper sein und darf weder zu leicht noch zu schwer erscheinen. Der Fang soll möglichst breit und mächtig sein. Die Schönheit des Kopfes beruht auf dem harmonischen Größenverhältnis zwischen Fang und Oberkopf. Von welcher Richtung der Kopf auch betrachtet werden möge, von vorn, von oben oder von der Seite, immer muß der Fang im richtigen Verhältnis zum Oberkopf stehen, d. h. niemals zu klein erscheinen. Er soll trocken sein, also keine Falten zeigen. Naturgemäß bilden sich jedoch Falten auf dem Oberkopf beim Stellen der Ohren oder, wenn das Ohr nicht kupiert ist, bei erhöhter Aufmerksamkeit. Von der Nasenwurzel zu beiden Seiten abwärts verlaufend sind Falten stets angedeutet. Die dunkle Maske beschränkt sich auf den Fang und muß sich von der Farbe des Kopfes deutlich abheben, damit das Gesicht nicht finster wirkt.

Schädel: Der Oberkopf soll möglichst schlank und kantig sein. Er ist leicht gewölbt, weder kugelig kurz, noch flach und nicht zu breit, der Hinterkopf nicht zu hoch. Die Stirnfurche ist nur schwach angedeutet, sie darf besonders zwischen den Augen nicht zu tief sein.

Stop: Die Stirn bildet zum Nasenrücken einen deutlichen Absatz. Der Nasenrücken darf nicht bulldogartig in die Stirn eingetrieben, aber auch nicht abfallend sein.

Backen: Die Backen sind dem kräftigen Kiefer entsprechend entwickelt, ohne jedoch zu betont hervorzutreten. Sie gehen vielmehr in einer leichten Wölbung in den Fang über.

Fang: Der Fang sei mächtig entwickelt in den drei Dimensionen des Raumes, also weder spitz noch schmal, kurz oder flach. Seine Gestalt wird beeinflußt durch a) die Form der Kiefer, b) die Stellung der Fangzähne und c) die Beschaffenheit der Lefzen. Die Fangzähne müssen möglichst weit auseinander stehen und von guter Länge sein, wodurch die vordere Fläche des Fanges breit, fast quadratisch wird und mit dem Nasenrücken einen stumpfen Winkel bildet. Vorne liegt der Saum der Oberlippe auf dem Saum der Unterlippe. Der aufwärts gebogene Teil des Unterkiefers mit der Unterlippe, das Kinn genannt, darf die Oberlippe nach vorne nicht auffällig überragen, noch weniger aber unter ihr verschwinden, sondern er muß sowohl von vorn als auch von der Seite gut markiert sein. Die Fang- und Schneidezähne des Unterkiefers dürfen bei geschlossenem Fang nicht sichtbar sein, ebensowenig darf der Boxer bei geschlossenem Fang die Zunge zeigen. Der Oberlippenspalt ist gut sichtbar.

Lefzen: Die Lefzen vollenden die Gestalt des Fanges. Die Oberlippe ist dick und wulstig, sie füllt den Hohlraum aus, welcher durch den längeren Unterkiefer entsteht, wobei sie von den Fangzähnen desselben getragen wird.

Nase: Die Nase ist breit und schwarz, ganz leicht aufgestülpt, weite Nasenlöcher. Die Nasenspitze liegt etwas höher als die Nasenwurzel.

Gebiß: Der Unterkiefer überragt den Oberkiefer und ist leicht nach oben gebogen. Der Boxer beißt vor. Der Oberkiefer ist breit am Oberkopf angesetzt und verjüngt sich nach vorn nur wenig. Das Gebiß ist kräftig und gesund. Die Schneidezähne sind möglichst regelmäßig in einer geraden Linie angeordnet. Die Fangzähne weit auseinander stehend und von guter Größe.

Augen: Die dunklen Augen sind weder zu klein noch hervorquellend oder tiefliegend. Der Ausdruck verrät Energie und Intelligenz, er darf nicht drohend oder stechend sein. Die Lidränder müssen eine dunkle Farbe haben.

Ohren: Hoch angesetzt, spitz kupiert, mäßig lang und lotrecht getragen, im Ansatz nicht zu breit. Die unkupierten Ohren haben eine angemessene Größe, eher klein als groß, sie fühlen sich dünn an; weit auseinander an den höchsten Stellen des Oberkopfes seitlich angesetzt, liegen in Ruhestellung an den Backen an. Wenn der Hund aufmerksam ist, sollten die Ohren mit einer deutlichen Falte nach vorne fallen.

Fehler: Mangel an Adel und Ausdruck, finsteres Gesicht, Pinscher- oder Bulldogkopf, Geifern, Zähne oder Zunge zeigen, zu spitzer oder zu leichter Fang, abfallender Nasenrücken, Leder- oder Wetternase, heller Nasenschwamm, sogenanntes Raubvogelauge, nicht durchgefärbte Nickhaut, schlecht kupierte Ohren: flatternde, halbaufgerichtete oder aufgerichtete Ohren, Rosenohren, verkanteter Unterkiefer, schräge Zahnleiste, fehlerhafte Zahnstellung, schwach ausgebildete Zähne, untaugliches Gebiß infolge Krankheit.

5. Hals: Die obere Linie verläuft in einem eleganten Bogen vom deutlich markierten Genickansatz zum Widerrist. Er soll von reichlicher Länge sein, rund, kräftig, muskulös und trocken.

Fehler: Kurz, dick, lose Kehlhaut.

6. Vorhand: Die Vorderläufe müssen von vorn gesehen gerade sein, parallel zueinander stehen und starke Knochen haben.

Schultern: Lang und schräg, straff mit dem Rumpf verbunden, sie sollten nicht zu stark bemuskelt sein.

Oberarm: Lang und zum Schulterblatt in einem rechten Winkel liegend.

Ellenbogen: Weder zu stark an die Brustwand angedrückt noch abstehend.

Unterarm: Senkrecht, lang und trocken bemuskelt.

Vorderfußwurzelgelenk: Kräftig, gut markiert, doch nicht aufgetrieben.

Vordermittelfuß: Kurz, fast senkrecht zum Boden stehend.

Pfoten: Klein, rund, geschlossen, dick gepolsterte Ballen mit harten Sohlen.

Fehler: »Französischer« Stand, lose Schultern, lose Ellenbogen, schwaches Vorderfußwurzelgelenk, Hasenpfoten, flache, gespreizte Pfoten.

7. Gebäude: Quadratisch. Der Rumpf ruht auf stämmigen, geraden Läufen.

Widerrist: Soll markiert sein.

Rücken: Soll, einschließlich der Lendenpartie, kurz, fest, gerade, breit und stark bemuskelt sein.

Kruppe: Leicht geneigt, flach gewölbt und breit. Das Becken soll lang und besonders bei Hündinnen breit sein.

Brustkorb: Tief, bis zu den Ellenbogen reichend. Die Brusttiefe beträgt die Hälfte der Widerristhöhe. Gut ausgebildete Vorbrust. Die Rippen gut gewölbt, aber nicht tonnenförmig gerundet, weit nach hinten reichend.

Untere Linie: Verläuft in einem eleganten Schwung nach hinten, straffe Flanken, leicht aufgezogen.

Fehler: Zu breite und niedrige Front, durchhängender Rumpf, Karpfenrücken, Senkrücken, magerer Rücken, lange schmale, scharf eingesenkte Lenden, schwache Verbindung mit der Kruppe, gewölbte Lendenpartie, abfallende Kruppe, enges Becken, Hängebauch, hohle Flanken.

8. Hinterhand: Sehr stark bemuskelt, die Muskulatur bretthart und sehr plastisch hervortretend. Die Hinterläufe sollen von hinten gesehen gerade sein.

Oberschenkel: Lang und breit. Hüft- und Kniegelenkswinkel möglichst wenig stumpf.

Knie: Soll in der Grundstellung so weit nach vorn reichen, daß es eine vom Hüfthöcker zum Boden gezogene Senkrechte noch berührt.

Unterschenkel: Sehr muskulös.

Sprunggelenk: Kräftig, gut markiert, doch nicht aufgetrieben. Der Winkel beträgt ca. 140 Grad.

Hintermittelfuß: Kurz, mit einer geringen Neigung von 95 bis 100 Grad zum Boden.

Pfoten: Etwas länger als die vorderen. Geschlossen, dick gepolsterte Ballen mit harten Sohlen.

Fehler: Schwache Muskulatur. Zu wenig gewinkelte oder überwinkelte Hinterhand. Säbelbeine, Faßbeinigkeit, Kuhhessigkeit, Hackenenge, Afterkrallen, Hasenpfoten, flache, gespreizte Pfoten.

9. Rute: Der Ansatz eher hoch als tief, kurz kupiert und aufwärts getragen.

Fehler: Tiefer Ansatz.

10. Gangwerk/Bewegung: Lebhaft und voll Kraft und Adel.

Fehler: Watscheln, wenig Raumgriff, Paßgang, Steifheit.

11. Haut: Trocken, elastisch, ohne Falten.

12. Haarkleid: Kurz, hart, glänzend und anliegend.

13. Farbe: Gelb oder gestromt. Gelb kommt in verschiedenen Tönen vor, von hellgelb bis dunkelhirschrot, jedoch sind die in der Mitte liegenden die schönsten (= rotgelb). Schwarze Maske. Die gestromte Varietät hat auf gelbem Grund in den obigen Abstufungen dunkle oder schwarze, in Richtung der Rippen verlaufende Streifen. Grundfarbe und Streifen müssen sich deutlich voneinander abheben. Weiße Abzeichen sind nicht grundsätzlich zu verwerfen, sie können sogar recht ansprechend sein.

Fehler: Über den Fang hinausreichende Maske. Zu dicht aneinander liegende oder nur vereinzelt erkennbare Streifen. Schmutzige Grundfarbe. Sich vermischende Farben. Unschöne weiße Abzeichen, wie ganz oder halbseitig weißer Kopf. Andersfarbige oder solche, deren Grundfarbe von mehr als einem Drittel Weiß verdrängt wird.

14. Größe: Gemessen vom Widerrist, vorbei am Ellenbogen, bis zum Boden.
Rüden: 57 bis 63 cm
Hündinnen: 53 bis 59 cm

15. Gewicht:
Rüden: über 30 kg (bei etwa 60 cm Widerristhöhe).
Hündinnen: ungefähr 25 kg (bei etwa 56 cm Widerristhöhe).
Anmerkung: Rüden müssen zwei offensichtlich normal entwickelte Hoden aufweisen, die sich vollständig im Skrotum befinden.

Die Wesenssicherheit des Boxers

Zeigt ein Hund eine gewisse Sicherheit, reagiert er nicht schreckhaft gegenüber Lärm und optischen Erscheinungen – etwa einem vorbeifahrenden Auto –, verhält er sich zudem nicht scheu oder gar ängstlich gegenüber Menschen und anderen Hunden, dann spricht man von einem wesenssicheren Hund. Mit einem Hund, dem diese Sicherheit weitgehend fehlt, einem sogenannt wesensschwachen Hund, ergeben sich vielerlei Probleme. Das fängt an mit seinem Verhalten im Verkehr, wo er immer wieder spunghaft zu flüchten versucht. Was das bei einem Boxer von 35 bis 40 Kilogramm zu bedeutet hat, läßt sich

leicht vorstellen. Es geht weiter mit einer inneren und äußeren Abwehr gegenüber allen ungewohnten Vorgängen, was eine Ausbildung verunmöglicht. Und es kann damit enden, daß so ein Tier bei jeder Annäherung von unbekannten Leuten entweder flieht, oder – wenn ihm dies nicht möglich ist – zu schnappen beginnt; man nennt das Angstbeißen.

Einen derart wesensschwachen Hund zu halten ist wahrlich kein Vergnügen. Aber auch der Hund selbst kann sich seines Daseins wenig freuen, oft scheint ein solches Tier geradezu zu leiden. Die Ursache der Wesensschwäche kann zum Teil in einer schwachen

Förderung bei der Aufzucht liegen, wenn nämlich eine ereignisarme Umwelt in jener ent-
scheidenden Entwicklungsphase keine richtige Gewöhnung an Umweltreize erlaubte.

Die Wesensbeurteilung

Es waren Boxerzüchter und Boxerausbilder,
welche sich zu Anfang der Dreißigerjahre in
Deutschland als erste mit der Wesenserpro-
bung von Hunden befaßt haben, nämlich das
Doktorenehepaar Rudolf und Rudolfine Menzel. Auf ihre grundlegenden Schriften geht die
heutige Form der Wesensprüfung zurück. In
der Schweiz hat sich vor allem Professor Eu-
gen Seiferle, der mit der Familie Menzel in
Verbindung stand, um die Wesensbeurteilung
verdient gemacht.

Die Wesensbeurteilung eines Hundes ist
keine leichte Aufgabe. Kann sich der Schön-
heitsrichter noch weitgehend an der äußeren
Erscheinung eines Hundes orientieren, so fällt
das für den Wesensrichter praktisch dahin. Er
muß innere Merkmale erkennen, die sich in
der Verhaltensweise äußern. Allerdings ist
das Ziel einer Wesensprüfung nicht das Er-
stellen einer Rangordnung. Es wird damit nur
der Ausschluß von der Zucht von wesensschwachen Tieren bezweckt.

Daß diese Absicht vernünftig ist, bezweifelt
niemand. Daß es jedoch manchmal zu Grenz-
fällen kommt, wo man sich so oder anders
entscheiden könnte, ist auch nicht zu bestrei-
ten. Aber es wäre sicher verfehlt, auf die Wesensprüfung als einer Voraussetzung für die
Zulassung zur Zucht zu verzichten. Dies kann
sich heute kein Rasseklub mehr leisten, der in
seinen züchterischen Bemühungen ernstge-
nommen werden will.

Aber auch für jene Boxerbesitzer, die mit
ihrem Tier nicht züchten wollen, ist das Absol-
vieren einer Wesensveranlagungsprüfung
aufschlußreich. Sie wissen danach mehr von
ihrem Boxer. Wer sich dafür interessiert, erfährt bei seinem Rasseklub, wann und wo die
nächste Prüfung stattfindet.

Mit dem Hammer wird auf Metall ein durchdringender Ton erzeugt...

...und der wesensfeste Boxer nähert sich erregt und neugierig.

14. Herkunft und Reinzucht

Die Haltung von Haushunden durch den Menschen reicht weit in die Vorgeschichte zurück. In den Hochkulturen der Antike war sie längst zur Selbstverständlichkeit geworden. Aus der Zeit der Ägypter, der Griechen und der Römer sind uns Werke der bildenden Künste erhalten, die den Hund darstellen. Darunter gibt es auch schon bullige Typen mit Schädelformen, die dem Boxerkopf ähnlich sind. Die Nachbildungen des Hundes auf Reliefs, Vasen und Wandmalereien lassen erkennen, daß man schon damals den Hund nicht nur als Helfer zur Jagd und beim Viehhüten benutzte, sondern ihn zudem als Kumpan und Begleiter hielt. Sogar den Schoßhund gab es damals schon. Manche der heutigen Rassen sind erst vor etwa 150 Jahren entstanden, die meisten jedoch bedeutend später. Vom Boxer nimmt man an, daß er seinen Ursprung in den im Mittelalter bekannten Bären- und Bullenbeißern hat. Jagd und Treibarbeit verlangen vom Hund Temperament und Draufgängertum. Beides zeichnet noch heute unseren Boxer aus. Seine Reinzucht begann in Deutschland im letzten Jahrzehnt des neunzehnten Jahrhunderts.

Vom Bullenbeißer zum Boxer

Wenden wir uns der Vorgeschichte unseres heutigen Boxers zu, so gilt es gleich einige Einschränkungen zu machen. Einmal dürfen wir nicht hoffen, eine plausible Erklärung für den Namen unserer Lieblingsrasse zu finden.

Das Wort »Boxer« ist und bleibt ungeklärt, es lassen sich höchstens Vermutungen anstellen. Das soll uns nicht stören, wir dürfen uns im Gegenteil darüber freuen, daß der im offiziellen Boxerbuch von 1926 geäußerten Idee, »...den englisch anmutenden Namen in das deutsche Wort »Kämpfer« umzumünzen...«, nicht nachgelebt worden ist. Das war wohl der letzte Versuch, vom originellen Namen »Boxer« abzukommen, der heute weltweit zum Begriff geworden ist und sich zudem jedem Sprachgebrauch leicht einfügt.

Zum andern werden wir nie herauskriegen, wie »urdeutsch« nun der Boxer wirklich ist. Auch das scheint uns wenig wichtig zu sein. Mit dieser Ansicht stellen wir uns allerdings in Opposition zu jenen frühen Boxerkynologen, die überhaupt nichts Englisches an diesem Hund sehen wollten. So schrieb derselbe Dr. Neumann aus Reichelsdorf, der noch 1904 (im ersten Stammbuch) in vorbildlicher Sachlichkeit über die Herkunft des Boxers berichtet hatte, 1906 die etwas allzu deutsch klingenden Zeilen: »Aber auch in München ist der Boxer von englischem Blut nicht unberührt geblieben. Doch was bedeutet dieser fremde Blutstropfen in dem Blutmeer der ungeheuren Zahl der Münchener Boxer?« In Wirklichkeit bedeutete das eingeflossene Bulldogblut recht viel. Wenn wir mit den damaligen Fachleuten annehmen dürfen, daß der kleine Bullenbeißer rein gelb gewesen sei, während die Bulldogge mit dem schwereren und plumperen Körperbau auch das Weiß des Fells in die Boxerzucht gebracht habe, dann muß es sich

*Danziger Bullen- oder Bärenbeißer
(Aus V. Flemming, »Der vollkommene Teutsche Jäger«,
Leipzig 1719)*

*Brabanter Bullenbeißer
(Aus V. Flemming »Der vollkommene Teutsche Jäger«)*

um etwas mehr als einen Blutstropfen gehandelt haben. Denn noch heute gibt es immer wieder Würfe mit weißen oder mehrheitlich weißen Welpen. Einige Boxerkynologen der Pionierzeit haben auch behauptet, die englische Bulldogge weise charakterlich inferiore Züge auf. Auch das soll uns nicht verunsichern. Wir kennen ja diese damals unter dem Sammelname Bulldog stehenden Hunderassen wie den Bullmastiff und die eigentliche Englische Bulldogge, und wir wissen, wie sehr uns deren Verhalten immer wieder an unseren Boxer erinnert. Ich möchte an dieser Stelle ein persönliches Erlebnis schildern. Als ich 1966 anläßlich der Fußball-Weltmeisterschaften in London weilte, vermißte ich täglich meinen damals einjährigen Boxerrüden Gary. So freute es mich ganz besonders, als ich an einem freien Vormittag im Hotel beim Frühstück zwei Bullmastiffs entdeckte. Ich fragte sogleich, ob ich die beiden nicht auf einen Spaziergang in den Hydepark mitnehmen dürfe, der nahe beim Hotel lag. Der Butler führte mich darauf in den obersten Stock des Hauses, wo eine alte Lady, die Besitzerin des Hotels, in einem Lehnstuhl saß. Sie unterzog mich einem halbstündigen Verhör über meine kynologischen Kenntnisse, wobei ich mehrere Fotoalben mit Bildern und eingeklebten Diplomen für Schönheit und Leistung der beiden Mastiffs und ihrer Vorgänger zu bestaunen hatte. Dann endlich schenkte sie mir ihr Vertrauen und ließ mich mit den beiden Rüden in den Hydepark ziehen. Ich habe dort zwei Stunden mit ihnen verbracht und war überrascht und beglückt, wie sehr doch die temperamentvollen, aber äußerst gutmütigen Mastiffs, auf meine Umgangsformen ansprachen, die damals ganz auf den Verkehr mit Boxern ausgerichtet waren: Dieselbe Spielfreude, derselbe Eigensinn und dasselbe sich Hineinsteigern in eine Rempelei bis an die Grenze des Kontrollierbaren. Und dann, nach kurzem rigorosem Eingreifen, wieder das zärtliche Anschmiegen und Anpassen. Heute würde mich derart ähnliches Verhalten von Hunden einer anderen Rasse nicht überraschen. Aus langjähriger Ausbildertätigkeit mit verschiedensten Hunden weiß ich, daß die Wesensunterschiede der Rassen im allgemeinen für viel größer gehalten werden, als sie es – besonders bei den mittelgroßen Gebrauchshunden – tatsächlich sind. Deutlicher treten die individuellen Verhaltensabweichungen der einzelnen Exemplare ein und derselben Rasse in Erscheinung.

Es darf uns Europäern von heute somit ziemlich gleichgültig sein, welcher Anteil englischen Bulldogblutes noch in unseren Boxern fließt. Sicher scheint, daß die Grundlage zum Boxer im kleinen Bullenbeißer gegeben ist, den man füglich als einen »urdeutschen« Hund bezeichnen kann. In der neuesten Ausgabe des nordamerikanischen Kennel-Book findet sich übrigens eine Feststellung zur Frage der Herkunft des Boxers, die zwar zeigt, daß man dort den Bullenbeißer als Vorfahren praktisch ignoriert, die aber doch von einer gewissen sportlichen Toleranz zeugt. Es heißt da, der Boxer sei selbstverständlich ein durchaus angelsächsischer Hund, aber was daraus in den vergangenen neunzig Jahren geworden sei, wäre doch die alleinige und bewundernswerte Leistung deutscher Hundezucht. Mit diesem Lob aus fremdem Land wollen wir es bewenden lassen und blenden zurück in die graue Vorzeit, wo wir gestützt auf die Schriften des Dr. Neumann und anderer Ky-

nologen die möglichen Ursprünge des Boxers darzustellen versuchen.

Man nimmt an, daß der kleine Bullenbeißer, auch Brabanter Bullenbeißer genannt, der Nachfahre des großen Bären- oder Bullenbeißers sei. Über diesen schweren, gedrungenen Hund mit breiter Schnauze und ausgeprägter Belefzung finden sich in der Literatur seit dem 17. Jahrhundert und früher Hinweise. Er war schon damals oft an der Rute und stets am Ohr kupiert. Das Haar war kurz und glatt, die Farbe gelb oder gestromt, nie scheckig. So wenigstens hat das Dr. Neumann geschrieben, der auch meint, daß der Name Boxer schon damals für diesen Typ des Bullenbeißers verwendet worden sei. Der große Bullenbeißer, auch Danziger Bullenbeißer genannt, wurde als schwerer Hetzhund und Packer für die Jagd nach Bär, Elch, Eber und Hirsch eingesetzt. Dies geht auch aus der zeitgenössischen bildenden Kunst hervor, so aus den Holzschnitten von Jost Ammon (1539–1591), der ein Spezialist für die Darstellung von Jagdhunden war. Wie jedoch Dr. Neumann anführt, reicht das Alter des Bullenbeißers viel weiter zurück, die Spuren verlieren sich im frühen Mittelalter. Er weist darauf hin, daß die sogenannten Molosserhunde der Ägypter, Griechen und Römer zwar als Vorfahren weniger in Frage kommen, weil diese spitzmäulig waren. Als sie dann von der robusteren und breitmäuligen britannischen Dogge im zweiten Jahrhundert nach Christus sowohl aus der Tierkampfarena als auch als privat gehaltene Schutzhunde verdrängt wurden, behielt dieser importierte neue Hundetyp den Namen Molosser bei. Es dürfte sich um englische Mastiffs gehandelt haben, deren Ursprung nach dem Kynologen Beckmann wiederum bei den Kelten und Germanen zu suchen ist. Tatsächlich finden sich in altgermanischen Gesetzestexten Hinweise auf Hundehaltung. Hier sind neben leichteren Jagdhunden auch schwere Hetzhunde und Packer angeführt, so der Eberhund, Bärenhund und Büffelhund. Das Töten dieser Hunde war strafbar. Beckmann führt weiter aus, daß zur selben Zeit auch in Gallien, Spanien und Italien solche Hunde gehalten wurden, deren Entwicklung dann auch ähnlich verlaufen sei wie diejenige der germanischen Hetzhunde.

Im Mittelalter dominierte offensichtlich der Bullenbeißer des schweren Schlages die Jagdszene, bis er zu Anfang des 16. Jahrhunderts fast gänzlich vom erheblich schnelleren Doggentyp aus England, vermutlich eine Kreuzung Mastiff und Irischem Windhund (heute Irish Wolf), abgelöst wurde. Dieser Typ entwickelte sich zur Rasse, die in Deutschland weitergezüchtet wurde, in England aber in Vergessenheit geriet. Ganz zu verdrängen vermochte die Englische Dogge den Bullenbeißer nicht, der so massig war, daß er auf manchem Jagdbild nahezu gleich groß wie der Bär erscheint. Jedenfalls erkennt man auf den gegen Ende des 16. Jahrhunderts entstandenen Holzschnitten von Jost Ammon neben sogenannten Leithunden, die das Wild aufzuspüren hatten, Windhunden und Englischen Doggen, immer noch den großen Bullenbeißer.

Aber nun erfolgte überall in Europa, wo eine Form des großen alten, in mancher Hinsicht zu schwerfälligen Bullenbeißers gehalten wurde, die Züchtung eines leichteren Schlages. Der Kynologe Beckmann glaubt, daß damals der spanische Alano aus einem größeren Vorfahren entstand, in Frankreich aus dem Alan

vautre die kleinere Bordeaux-Dogge, in England aus dem Mastiff die Bulldogge oder der Bullmastiff, während in Deutschland aus dem schweren Schlag des Danziger Bullenbeißers der leichtere und flinkere, aber nicht minder draufgängerische Brabanter Bullenbeißer entstand. Im 18. Jahrhundert findet sich in einem Tierkatalog von Thienemann neben dem großen gestromten Danziger auch ein kleiner gelber Brabanter Bullenbeißer mit schwarzer Maske.

Es scheint, daß die zunehmende Beliebtheit von Tierkämpfen die Züchtung und Verbreitung der kleinen Bullenbeißerformen begünstigt hat. Was in den zur Verfügung stehenden Schriften jedoch nur wenig zum Ausdruck kommt, ist der Umstand, daß im selben Maße wie der Bedarf an schweren Hetzhunden abnahm, ein neuer Bedarf für Treiberhunde entstand. Die Entwicklung der Städte hatte zur Folge, daß Fleisch, das bedeutet hier Viehherden, vermehrt zugeführt werden mußte, und dazu waren Treiberhunde unerläßlich. Für diese Arbeit kam nur die kleinere Form des Bullenbeißers in Frage. Es ist ein schwieriges Unterfangen, einige Kühe beisammenzuhalten und in eine bestimmte Richtung zu lenken. Immer wieder hat der Hund das viel größere Tier in einem rasanten Angriff anzugehen und es durch blitzschnelles Packen und Loslassen des belasteten Hinterbeines zum Vorwärtsgehen zu zwingen. Kommt er mit seinem Klemmbiß zu früh oder zu spät in die Fessel, ist also das Bein nicht vom Gewicht der Kuh zur Erde gedrückt, dann erfolgt instinktiv ein kräftiger Schlag mit dem Huf, der den Hund erheblich verletzen kann. Umgekehrt wird ein Rindvieh durch die kleineren Zähne im verkürzten Fang des Kurznasers kaum verletzt, zu Sehnenrissen kann es wohl nicht kommen. Und das machte den kleinen Bullenbeißer neben seiner Schnelligkeit und Angriffslust zum idealen Viehtreiber. Das vehemente gezielte Vorgehen bei der Treibarbeit steckt noch heute in unserem Boxer. Reaktionsschnelligkeit und Draufgängertum, welche der Hund früher als Hetzhund benötigt hatte, konnte er als Treiber bewahren. Hier zeigt er seinen Schneid, auf den wir so stolz sind. Wir haben es nicht nötig, ihn einen ehemaligen Kampfhund zu nennen, wie dies immer noch gedankenlos getan wird. Er war ein Hetzer und wurde zum Treiber und blieb damit auch ein nützlicher Helfer des Menschen, der sehr wohl Schwerarbeit zu verrichten wußte.

Geht man der Frage nach, was denn eigentlich ein »Kampfhund« sei, so gibt es nur zwei mögliche Antworten. Die erste lautet: Ein altertümlicher Kriegshund. Aber Kriegszeiten erstrecken sich kaum je über Zeiträume, welche das Herauszüchten blindwütiger Angriffslust ermöglichen und dann auch zu erhalten erlauben. Und die zweite: Ein notorischer Raufer, der bei blutigen Tierkämpfen zum Töten eingesetzt wird, bis er selber das Zeitliche segnet. Dies setzt jedoch voraus, daß der Hund in seiner natürlichen Grundanlage verdorben werden muß. Nur durch brutale Behandlung oder gezielte Fehlzucht läßt sich einem Hund die angeborene Beißhemmung nehmen, dieses erstaunliche Verhalten, das der Arterhaltung dient.

Es gibt immer noch Leute, die ihren Boxer für einen Nachfahren von Kampfhunden halten. Es sind dies oft jene Leute, die Schwierigkeiten mit ihrem Hund haben, weil sie ihn ganz unbewußt in die Rolle des Raufers drängen. Gerade ein Boxer ist in dieser Beziehung äußerst sensibel; wenn man sich ihn als hemmungslosen Kämpfer wünscht, so wird man ihn so auch eines Tages haben. Es ist jedoch die menschliche Lebensangst und Unsicherheit, die sich auf das Tier übertragen hat. Ganz grundsätzlich neigt unser Boxer keineswegs zu solch unnatürlichem Verhalten.

Kehren wir nun in jene Zeit zurück, als der »Boxer-Bullenbeißer« von der Sportkynologie kaum beachtet wurde, aber dennoch in vielen Exemplaren als Haus-, Hof- und Wachhund, besonders aber als talentierter Treiber von Metzgern und Viehzüchtern gehalten wurde. Es ist dieselbe Zeit – von der Mitte bis gegen Ende des 19. Jahrhunderts –, da der Deutsche Schäferhund in verschiedenen Landschlägen ein ebenso nützliches wie von der Hundezucht ignoriertes Dasein fristete, bis Rittmeister von Stephanitz sich seiner annahm und ihn mit begeisterten Helfern zu dem werden ließ, was uns der Deutsche Schäferhund heute bedeutet. Etwas später wurde der Deutsche Boxer von einer Gruppe engagierter und versierter Kynologen aus seinem Schattendasein herausgeführt und zu einer Rasse gemacht, die zu den meistverwendeten Gebrauchshunden zählt. Auch andere Rassen sind damals und noch bis in die zwanziger Jahre unseres Jahrhunderts hinein neu belebt oder – wie der Dobermann – überhaupt erst ins Leben gerufen worden. Aber keine erreichte die Verbreitung, wie sie der Boxer in aller Welt gefunden hat.

Die Reinzucht
des Deutschen Boxers

Wir haben heute eine gut organisierte und auf vielen Jahrzehnten der Erfahrung beruhende Boxerzucht. Ein internationaler Dachverband, die ATIBOX, und nationale Verbände in sehr vielen Ländern der Erde kontrollieren und führen die Zucht unseres Boxers. Dabei ergeben sich verschiedene Trends: In Amerika zum Beispiel neigt man mehr zu kleineren Formen. Wichtig ist, daß überall im großen ganzen dem sogenannten Standard entsprochen wird, daß man sich also in der Zucht nach einer Liste von Rassezeichen ausrichtet. Das sind die Umschreibungen der erwünschten Maße, Proportionen und Farben der einzelnen Körperteile, aber auch der Gesamterscheinung des Boxers, wie er dem Ideal entspricht.

Zuständig für diesen anzustrebenden Normtyp ist bei jeder Rasse das Stammland, für unseren Boxer also Deutschland. Die oberste Vereinigung aller Rasseklubs ist die Fédération Internationale Cynologique (deutsch etwa Internationaler Kynologischer Dachverband), im folgenden kurz FCI genannt. Über die FCI und die ATIBOX bleiben die wesentlichsten nationalen Boxerzuchtorganisationen miteinander in Kontakt. Es kommt zum Erfahrungsaustausch, manchmal auch zu unter-

Eine Rarität: Boxerhündin mit unkupierter Rute. Das hat den Nachteil, daß sich das Tier beim heftigen Wedeln die Schwanzspitze verletzt, was stark blutet und schlecht heilt.

schiedlichen Auffassungen und entsprechenden Auseinandersetzungen. Das ist nur natürlich; denn schließlich ist der Boxer wie jedes Lebewesen gewissen Veränderungen unterworfen, und allein deshalb wird ein Standard nie ganz gleich bleiben. Hinzu kommen auch modische Trends, die irgenwelche speziellen Erscheinungsformen verlangen. Diese gehen meist von einzelnen Persönlichkeiten oder Gruppen der »Boxerwelt« aus und können leider nicht immer als sinnvoll bezeichnet werden. Da wir jedoch im Boxer über ein »Grundmaterial« verfügen, das auch einige (Geschmacks-)Verirrungen zu überstehen vermag, dürfen wir hoffen, daß der gute Kern von solchen Fehldispositionen nicht tangiert wird.

Die Pionierzeit
des Deutschen Boxer-Klubs

Das heutige Erscheinungsbild des rassereinen Boxers ist jedenfalls von imponierender Einheitlichkeit, verglichen mit den Formen zu Beginn der Boxerzucht Ende des 19. Jahrhunderts. Und damit gelangen wir zu einem faszinierenden Kapitel kynologischer Entwicklung; zur Pionierzeit der Boxerzucht. Der Schauplatz war Deutschland. Wir verdanken es dem Archiv des heutigen Boxer-Klubs E.V., Sitz in München, wenn wir von dieser Zeit mit einiger Wirklichkeitsnähe erzählen können. Diese Jahre waren entscheidend für das Überleben eines Hundes, dessen Ursprung im deutschen Raum bis zum frühen Mittelalter zurückverfolgt werden konnte. Aber um die Mitte und bis Ende des 19. Jahrhunderts fristete der Boxer als Nachfolger des Bullenbeißers (wie wir noch sehen werden) ein kümmerliches Dasein. Er war ein Paria unter den damals beliebten Rassen. Manche davon waren aus

England, der Hochburg aller Zucht, eingeführt und in Deutschland weitergezüchtet worden. In seinem brillant geschriebenen Vorwort zum ersten Band des Deutschen Boxer-Stammbuches schildert R. Hoepner, wie er in München zusammen mit Elard König 1894 damit beschäftigt war, den Airedale Terrier auf breiter Basis zu züchten. Die beiden sahen in dieser vorzüglichen Rasse den Prototyp des leistungsfähigen Kriegshundes, der sich auf der Suche nach Verwundeten wie auch als Meldehund bewährte. Nun schloß sich ihnen der bekannte Kynologe Friedrich Roberth aus Wien an. Diesem ebenso temperamentvollen wie erfahrenen Mann war, wie Hoepner schreibt, der Boxer schon lange aufgefallen, und in seinem Eifer für diesen zu unrecht verkannten Landschlag – von Rasse konnte damals nicht unbedingt gesprochen werden – riß er seine beiden Freunde mit. »Wir standen auf einmal mitten in einer Boxer-Propaganda«, meint Hoepner, auf die vitale Werbetätigkeit Friedrich Roberths hinweisend.

Als erster erfolgreicher Schachzug wurde 1895 im Rahmen einer Ausstellung von St. Bernhardshunden in München eine Versuchsklasse für Boxer ausgeschrieben. Nur ein einziger Boxerbesitzer hatte den Mut, sein Tier zu melden. Hoepner sagt, Roberth hätte diesen Mann geradezu erpreßt, um wenigstens einen Boxer im Ring zu haben, dem er dann auch gleich den ersten Preis und einen Ehrenpreis verlieh! Es war dies der berühmte »Flokki von Mühlbauer«, der im Stammbuch, das heute über 150 000 Eintragungen aufweist, die Nummer 1 trägt. Man war jedoch später nicht sehr glücklich über diese Wahl, da Flocki von einem Bulldogvater und einer gescheckten Boxerhündin abstammte. »Hätte ihn sein

Züchter doch nicht nach München, sondern nach dem Nordpol verkauft!« rief Hoepner ungehalten aus, da für ihn und seine Mitkämpfer der Bulldog eine Gefahr bedeutete für die Reinzucht des Boxers, so wie sie sich diesen vorstellten. Indessen verschließt er sich keineswegs der Tatsache, daß jenes geradezu modern anmutende draufgängerische Werbevorgehen Roberths in Kürze ungeahnte Erfolge zeigte. Bald nach dieser ersten ominösen Schau wurde noch 1895 in München der Boxer-Klub gegründet, dessen Mitgliederzahl rasch zunahm. Unter ihnen befand sich der Züchter A. Kolb, der von da an unter großen Opfern mit seinem prächtigen Rüden »Flock-St. Salvator« (Nummer 14) in deutschen Städten Ausstellungen beschickte und damit die Rasse bekannt machte.

Aber so weit war man in München zu jener Zeit noch nicht, und nur zögernd entschloß man sich zu einer ersten eigenen Schau für Boxer. Geld für Reklame gab es nicht; man war auf ein finanzielles Fiasko gefaßt, obwohl ein privater Gönner mit dem verheißungsvollen Namen Johann Himmelreich einen geräumigen Innenhof seiner Liegenschaft an der Rottmannstraße zur Verfügung gestellt hatte. Als König und Roberth dort eintrafen, fanden sie zu ihrer freudigen Überraschung schon mehr als 20 Boxer vor, und ständig kamen weitere dazu. Auch Besitzer, die dem Klub noch gar nicht angehörten, trafen ein. In Kürze war der große Hof mit Boxern »angefüllt«, und Elard König hatte Mühe, eine Ecke freizuhalten, wo die Hunde gerichtet werden konnten. Gegen eine Mark Standgeld erhielt man eine Zensur und ein Diplom. Und wer keinen Hund mitbrachte, verhalf der Ausstellung als zahlender Besucher zum finanziellen Erfolg. Die größte Überraschung jedoch, so berichtet Hoepner, waren die Hunde selbst. »Das waren ja gar nicht die Köter, welche die Kynologen erwartet hatten, sondern Hunde, die zwar jede Einheitlichkeit in den Zuchtzielen vermissen ließen, aber doch ein sehr hoffnungsreiches Bild für die Zukunft boten.«

Roberth, König und Hoepner stellten nun einen Zuchtplan auf, wobei sie sich nach dem ihnen vorbildlich scheinenden Gebäude von Kolbs »Flock-St. Salvator« ausrichteten. Da dieses Zuchtziel die zahlreichen bulldogähnlichen Boxer ausschloß, erwuchs von den mehr kommerziell eingestellten Mitgliedern heftiger Widerstand. Der leichtere und elegantere Flock war diesen Züchtern des schwereren Bulldogtyps ein Dorn im Auge. Unter ihrem Druck mußte die Ausstellung von 1896 in drei Gewichtsklassen durchgeführt werden. Dem Richter Elard König stellten sich damals 25 konkurrenzfähige Boxer. Aber trotz dieses neuerlichen Erfolges sahen sich danach Roberth, Hoepner und König gezwungen, aus dem von ihnen aufgebauten Verein auszutreten. Unter der Führung Roberths wurde am 6. Januar 1897 der »Deutsche Boxerklub« gegründet. Qualität erwies sich in der Folge doch zugkräftiger als Quantität. Wie Hoepner erzählt, waren es gerade jene »Geschäftskynologen«, die den alten Klub als erste verließen, weil sie dort nicht mehr auf ihre Rechnung kamen. Die besseren Elemente des alten Vereins vereinigten sich schon am 4. August 1897 wieder mit den ehemaligen Gründern, und gemeinsam wurde der »Deutsche Boxer-Klub, Sitz in München« ins Leben gerufen. Als jedoch König und Roberth gute und opferbereite Mitglieder auch außerhalb Münchens suchten und fanden, kam es nochmals zur

Opposition und zu einem Niedergang. Zu allem Unglück zog Roberth aus beruflichen Gründen nach Norddeutschland, und König schied infolge einer schweren Krankheit aus. Kolb und Hoepner dagegen zogen sich zurück, da es ihnen nicht gelungen war, die Zuchtbestimmungen durchzusetzen. Erneut drohten die Bemühungen um die Boxerzucht zu scheitern. Doch 1900 vermochte der fähige Schriftführer H. Hamel dem Klub neuen Auftrieb zu verleihen. Mit Energie und Sachverständnis gelang es ihm, die eingetretene Stagnation zu überwinden. Grundlage zum großen Erfolg seiner Bemühungen war seine Werbeschrift »Der Deutsche Boxer«, die als erstes Boxerbuch 1902 herausgegeben wurde. Mit dieser Broschüre erreichte man nun die Kynologen ganz Deutschlands und darüber hinaus viele interessierte Kreise im Ausland. Der Bedarf überstieg bald weit die Kapazität der damaligen Zucht, als unzählige Leute einen »echten« Boxer vom Deutschen Boxer-Klub kaufen wollten. H. Hamel machte sich auch, wie Hoepner bestätigt, um das erste Boxer-Stammbuch verdient. Aber es scheint einer jener in der Kynologie nicht seltenen Fälle gewesen zu sein, wo ein Mann durch seine Begeisterung für die Sache schließlich zur totalen Überforderung und zu finanziellen Schwierigkeiten gelangt. Obwohl Hamels späteres Verhalten nicht gerade rühmlich gewesen sein soll, sei hier dieser einzigartigen Persönlichkeit nochmals gedacht.

In der Folge ist es dann wieder Hoepner gewesen, welcher dem Gedeihen des Deutschen Boxer-Klubs Kontinuität zu verleihen wußte. Er war an der Fertigstellung des ersten Bandes des Boxer-Stammbuches beteiligt. Er trat dafür ein, daß dieses Stammbuch nicht nur einer Elite von Hunden offenstand, sondern im Sinne eines Registers und Zuchtnachweises geführt wurde. »Es soll dem Züchter nicht das eigene Nachdenken ersparen, auch nicht das Selbst-Schauen und Selbst-Erwägen, es soll ihm nur Wegweiser sein...«, schrieb Hoepner 1904, als er als erster Vorsitzender den Band 1 des Stammbuches vorlegen konnte. Auch das Vorwort zum dritten Band, der 1910 herauskam, stammt noch aus seiner Feder. Im selben Jahr ging aus dem Münchner Verein der »Boxer-Klub, Sitz in München« hervor, und damit hatte wohl die Pionierzeit ihr Ende gefunden. Sie war geprägt vom Wirken der erwähnten Persönlichkeiten, welche sich der Sache mit Geschick und Können verschrieben hatten und auch dafür zu kämpfen wußten. Wir dürfen diesen Männern herzlich dankbar sein. Um was für einen Hund es bei alledem ging, woher er vermutlich stammte und weshalb er die Gemüter so zu erwärmen wußte, daß sie ihre ganze Kraft für den Fortbestand und die angestrebte Reinzucht einsetzten, sei im nächsten Abschnitt beschrieben.

Wie F. M. Stockmann in der von ihm bearbeiteten dritten Auflage des offiziellen »Boxer-Buches« 1926 geschrieben hat, waren es vor allem vier Boxer, die in den ersten zwanzig Jahren der Zucht ihr Gepräge gaben: Die beiden Rüden »Wotan« (Nummer 46), gestromt, und »Flock-St.Salvator« (Nummer 14), gelb. Dann die Hündinnen »Mirzel« (Nummer 44), rotgelb, aus einem gestromten Rüden und einer weißen Hündin stammend, sowie »Meta

Dank seiner großen Beweglichkeit eignet sich der Boxer vorzüglich zum Rettungshund. Hier der »Prototyp« Gary beim Üben an der Leiter 1968.

von der Passage« (Nummer 30), eine Schecke, deren Eltern weiß gewesen und deren Großvater mütterlicherseits sogar ein Bulldog gewesen war. Würden diese Tiere heute an einer Ausstellung vorgeführt, würde man wohl genauso über sie lachen, wie gelacht wurde, als Mühlbauers Flocki erstmals gezeigt wurde. Aber sie sind die Vorfahren der meisten Boxer geblieben. Auf dieser Grundlage wurde das Zuchtziel verfolgt. Schon 1905 waren ja die Rassezeichen festgelegt worden, und bis 1926 hatte es keiner großen Änderung bedurft. Einzig das Stockmaß für Rüden war 1920 von 45 bis 50 Zentimeter auf 60 Zentimeter angehoben worden, und von 1925 an wurden keine schwarzen oder weißen Tiere mehr ins Stammbuch aufgenommen. Dasselbe galt ab 1926 für die Schecken, deren Grundfarbe weiß mit gelben oder gestromten Abzeichen war. In diesen noch wenig einheitlichen Tieren war aber eines schon vorhanden: Die typischen Charakterzüge, welche das Wesen des Boxers ausmachen und ihn zu einem der beliebtesten Rassehunde werden ließen. Machen wir uns also nichts daraus, wenn unser eigener Boxer vielleicht kein perfektes Ausstellungstier ist. Darauf kommt es in erster Linie gar nicht an. Unserem Bedürfnis nach einem charaktervollen und stets munteren vierbeinigen Begleiter und Beschützer ist in fast jedem Boxer Genüge getan. Diese Eigenschaften sind nicht von ungefähr gekommen: sie mußten – genauso wie die elegante und zugleich kraftvolle Form der äußeren Erscheinung – in Jahrzehnten herausgearbeitet werden. Das ist die Leistung der Boxerzucht, vor allem also der Züchter selbst, aber auch der Zuchtleiter, die für das Werden und die Erhaltung der Rasse gekämpft haben und noch immer darum besorgt sind.

Anhang

Die Boxer-Klubs im deutschen Sprachraum

Deutscher Boxer Klub e. V.
1. Vorsitzender Günter Karg
Wülfingerstraße 46
D-7119 Forchtenberg

Österreichischer Boxer-Klub
Geschäftsstelle Hansi Höhne
Mittelgasse 26/1
A-1060 Wien

Schweizerischer Boxer-Club SBC
Zentralpräsident Pius Hollenstein
Alte Gillhofstraße 1
CH-8560 Märstetten

Organe der Landesverbände

Hier finden sich stets die aktuellen Anschriften der Vereinsvorstände.

UNSER RASSEHUND
Organ des Verbandes des Deutschen Hundewesens VDH
Westfalendamm 174
D-4600 Dortmund

UH – UNSERE HUNDE
Organ des Österreichischen Kynologenverbandes
Johann-Teufel-Gasse 8
A-1238 Wien

HUNDE, Haltung, Zucht, Sport
Organ der Schweizerischen Kynologischen Gesellschaft SKG
Länggaß-Straße 8
CH-3012 Bern

Literatur-Nachweis

Dorit Feddersen-Petersen *Hundepsychologie*
Franckh'sche Verlagshandlung Stuttgart, zweite Auflage 1987

Urs Ochsenbein *Der neue Weg der Hundeausbildung*
Vom gehorsamen Begleiter bis zum Dienst- und Rettungshund
Verlag Müller-Rüschlikon 1979, vierte Auflage

Urs Ochsenbein *ABC für Hundebesitzer und solche, die es werden wollen*
Verlag Müller-Rüschlikon 1979, vierte Auflage 1991

Hans Räber *Brevier neuzeitlicher Hundezucht*
Paul Haupt Verlag, Bern und Stuttgart, vierte Auflage 1984

Heinz Weidt *Der Hund, mit dem wir leben*
Verhalten und Wesen
Paul Parey-Verlag 1989

Zum Bildmaterial und Dank

Dem Kupierverbot wurde nach Möglichkeit bei der Bildauswahl Rechnung getragen. Wo Boxer mit kupiertem Ohr erscheinen, stammen sie aus Würfen, die vor dem Kupierverbot fielen.

Wir danken folgenden Personen, die uns bei der Beschaffung des Bildmaterials behilflich waren:
Reinmar Juchli, Chef des Diensthundewesens der Kapo Zürich. Die Züchter Georg und Rosemarie Moser und Irma Halter. Frau Ida Hermann, Zuchtwartin.
Weitere Unterstützung erfuhren wir durch Astrid von Rulach, Silvia und Wolf Steiger und Alfred Diezi.

Anstelle eines Nachwortes:
Erinnerungen an meine Boxer

Schreiben ist Schwerarbeit. Hat man ein Buch endlich zu Ende gebracht, ist man sehr erleichtert, aber auch etwas verunsichert. Denn Fragen drängen sich auf: Habe ich nun wirklich das Wesentliche gesagt, damit die Haltung des beschriebenen Hundes in gute Bahnen gelenkt werden kann von jenen Besitzern, die sich auf dieses Buch verlassen? Werden sich aufgrund des Buches viele Boxer in ihrem »Familienrudel« gut aufgehoben und geborgen fühlen? Bin ich alledem, was mir meine eigenen Boxer gebracht und bedeutet haben, gerecht geworden?

ALI

Ihn kaufte ich genau so, wie man einen Hund niemals kaufen sollte. Er war sechs Monate alt. Ein Fernfahrer hat ihn irgendwo eingehandelt und mitgebracht. Niemand wußte, wie er aufgewachsen war, und was für ein Jugendschicksal ihn geprägt hatte. Seine Augen waren groß und dunkel, seinem überaus freundlichen Blick konnte ich nicht widerstehen. Seine Ohren waren übrigens nicht kupiert, was damals selten vorkam. Trotz der unüberlegten spontanen Anschaffung hatte ich Glück. ALI wuchs zu einem kräftigen Rüden heran, der ebenso selbstsicher wie gutartig war. Mit unsern Kindern war er glücklich, mit anderen Hunden spielte er temperamentvoll und fair. Nur wenn sich zwei rauften, griff er rabiat ein, ohne jedoch ernsthaft zu verletzen. Man nannte ihn auf der Allmend den Sheriff.

Mit uns bereiste er Spanien, wobei er unter der andalusischen Sonne litt, aber dennoch unverdrossen alles mitmachte. Mangels Fleisch lernte er dort große Fische verschlingen, und dies so geschickt, daß es ihm nie geschadet hat. Er war mit uns in Norddeutschland, wo ihm das Klima behagte, und wo er begeistert mit andern Hunden im Elbsand spielte. Und er stürzte sich alljährlich im Herbst mit mir in die Brandung an der Ligurischen Küste.

Er war nur unser Begleiter, errang keine sportlichen Trophäen, aber machte der ganzen Familie viel Freude. Als er mit sechs Jahren einem Herzschlag erlag, hinterließ er eine große Lücke. Wir beschlossen, für einige Zeit ohne Hund zu bleiben. Doch schon nach vierzehn Tagen hörten wir von einem Züchter, der einen Wurf Boxerwelpen hatte. Wir gingen hin, und damit war es um unseren Vorsatz geschehen.

GARY

Er wurde unter den günstigsten Bedingungen aufgezogen. Von seinem Züchter-Ehepaar erhielt er samt seinen fünf Wurfgeschwistern soviel Zuwendung und Förderung, daß die Voraussetzung für eine beachtenswerte Laufbahn im Hundesport und im Rettungshundewesen gegeben war. Was damals in der Prüfungsordnung stand, hat er mit der Zeit auch bestanden. Als Schutzhund war er Schweizersieger des SBC. Als Rettungshund wurde er zur Vermißtensuche und zur Trümmersuche eingesetzt. Während fünf Jahren war er in einem Lawinenhunde-Pikett eingeteilt. Und gemeinsam mit dem Deutschen Schäferhund ARI war er der eigentliche Prototyp des Katastrophenhundewesens, das sich damals im Aufbau befand.

Das ist seine Leistung gewesen. Für mich jedoch kommt etwas anderes hinzu, das mehr zählt. Nämlich das Einvernehmen zwischen GARY und mir, jenes vorbehaltlose Vertrauen in das Verhalten des Partners. Er hat mich erleben lassen, wie faszinierend die Mensch-Hund-Beziehung sein kann. Und damit hat er auch meiner beruflichen Entwicklung eine neue Richtung gegeben. Ohne ihn hätte ich keine Hundebücher geschrieben.

Ich bin ALI und GARY zu großem Dank verpflichtet. Und ich wünsche allen Lesern, daß sie in ähnlicher Weise bereichert werden mögen durch ihre Boxer. Ganz gleich, ob sie sie als Familienhunde halten, oder als Kumpan im Hundesport und Arbeitseinsatz erleben.